우리의 삶을
사랑과 모험으로 충만하게 만드는
진정한 동반자들에게,
이 책을 바칩니다.

Copyright 2016 ⓒ Michael Hyatt and Daniel Harkavy
Originally published in English under the title
Living Forward by Baker Books, a division of Baker Publishing Group,
Grand Rapids, Michigan, 49516, U.S.A.
All rights reserved.

Korean Translation Copyright ⓒ2023 by Global Bridge
Korean edition is published by arrangement with Baker Publishing Group
through Imprima Korea Agency

이 책의 한국어판 저작권은 Imprima Korea Agency를 통해
Baker Publishing Group사와의 독점계약으로 글로벌브릿지에 있습니다.
저작권법에 의해 한국 내에서 보호를 받는 저작물이므로
무단전재와 무단복제를 금합니다.

나를
돌보지 못했던
시간들

LIVING FORWARD

A Proven Plan to Stop
Drifting and Get
the Life You Want

마이클 하이엇, 대니얼 하카비 지음

글로벌 브릿지

이 책에
쏟아진 찬사

세스 고딘 · 토니 로빈스 · 존 고든 · 패트릭 렌치오니 · 데이브 램지 · 존 C. 맥스웰 · 데이비든 앨런 · 맥스 루케이도 · 헨리 클라우드 · 제프 워커 · 댄 T. 캐시 · 밥 고프 · 리사 터커스트 · 크리스 길아보 · 앤디 앤드루스 · 조시 액스 · 크리스탈 페인 · 스티븐 아터번 · 존 엘드리지 · 토드 새먼스 · 마틴 웨일런 · 크리스토퍼 맥클루스키 · 마이클 스텔츠너 · 크리스 더커 · 레이 에드워즈 · 데이비드 프리차드 · 론 블루 인생이라는 엄청난 숙제에 대한 단계적 접근법. 진창에서 발을 빼낼 방법이 도무지 보이지 않는 상황이라면 이 책을 읽어라. 분명 헤쳐 나올 방법을 찾을 수 있을 것이다. _세스 고딘, 경영구루 · 베스트셀러 작가

삶에서 위대한 성취를 이뤄낸 사람들은 단지 운이 좋아서가 아니다. 그들은 늘 계획을 세우고 그것을 실천한다. 마이클과 대니얼은 명확하고 설득력 있는 인생 계획을 통해 당신이 꿈꿔온 삶을 쟁취할 방법을 알려준다. _토니 로빈스, 동기부여전문가 · 심리학자, 《머니》 저자

당신이 현재 위치에서 원하는 곳으로 가고자 한다면, 이 책이 제시하는 인생 로드맵에 주목하라. 지금 이 순간, 우리가 무엇을 할 수 있을지 무엇을 해야 하는지 알려주는 행동 지침서! _존 고든, 《에너지 버스》 저자

삶의 방향을 잃고 이리저리 표류하고 있는 사람이라면 반드시 읽어야 할 책. 표류를 멈추고 바른 길로 가길 원한다면 '닥치고' 지금 당장 이 책을 손에 들어라! _패트릭 렌치오니, 〈포춘〉 선정 '경영구루 10인', 《무엇이 조직을 움직이는가》 저자

끝도 없이 쏟아지는 일로부터 나를 지키고, 시간을 똑똑하게 사용하며, 온전한 삶을 사는 비법을 제시하는 탁월한 지침서! _데이브 램지, 《절박할 때 시작하는 돈 관리 비법》 저자

많은 사람이 인생 계획의 중요성을 말하지만, 그것을 어떻게 만들어야 하는지 제대로 알려준 사람은 없었다. 이 책은 그런 갈망에 대한 대답이다. _존 C. 맥스웰, 세계적인 리더십 대가

지적이고 명료한 안내서. 이 책에 소개된 실용적이고 간단한 지침 중 하나만 따라 해도 누구든 삶의 조건을 향상시킬 수 있다. _ 데이비드 앨런, 《끝도 없는 일 깔끔하게 해치우기》 저자

목적 있는 삶의 힘을 보여준 대니얼과 마이클에게 찬사를 보낸다.
_ 맥스 루케이도, 《하나님은 너를 포기하지 않는다》 저자

변화를 이끌어내는 가장 큰 원동력 중 하나는 단순함이다. 마이클과 대니얼이 만든 단순하면서도 강력한 이 지침서만 있다면 흔들림 없이 앞으로 나아갈 수 있다. _ 헨리 클라우드, 〈뉴욕타임스〉 베스트셀러 작가

성공한 사람들은 사업 능력도 우수하지만 개인적인 삶도 훌륭하다. 그것은 단순히 운이나 노력만으로 되는 것이 아니다. 원하는 미래에 대한 분명한 비전과 의도가 필요하다. _ 제프 워커, 스토리브랜드의 CEO

대부분의 사람은 되는 대로 살아간다. '크고, 어렵고, 대담한' 목표를 자신 있게 세우지 못한다. 감사하게도 대니얼과 마이클이 만든 이 강력하고 특별한 인생 계획 시스템은 의미와 의의로 가득 찬 삶을 진취적으로 획득할 수 있게 도와준다. _ 댄 T. 캐시, 칙필레 CEO

당신은 계획 없이 사업이나 건축, 전쟁을 시작할 수 있는가? 그런데 왜 인생에 대한 계획은 세우지 않는가? 이 책은 우리에게 효과적이고 강력한 인생 계획 모델을 제시한다. 우리가 마땅히 누려야 할 삶을 영위할 수 있도록 도와줄 것이다. _ 밥 고프, 《사랑은 행동이다》 저자

동기를 유발하는 뛰어난 책. 몽유병에 걸린 것처럼 헤매는 삶을 멈추고 우리 스스로 마련한 삶을 추구할 수 있게 도와준다. _ 리사 터커스트, 프로버브 31 미니스트리 CEO

이 책에 나오는 조언 중 10%만 적용해도 당신의 인생은 완전히 바뀔 것이다. _ 크리스 길아보, 《100달러로 세상에 뛰어들어라》 저자

불확실성의 세계에 뚜렷하고 분명한 기준점을 제공하는 책!
_ 앤디 앤드루스, 《폰더 씨의 위대한 하루》 저자

목적이 지닌 힘, 꿈의 발견, 욕망의 실현에 대한 새로운 통찰.
_ 조시 액스, DrAxe.com 설립자

당신은 다람쥐 쳇바퀴 돌듯 살 필요가 없다. 더 이상 기력을 소진해가면서 제자리만 맴돌며 살 필요도 없다. 이 책은 당신이 원하는 미래를 구체화할 수 있는 도구와 단계적 접근법을 제공한다. _ 크리스탈 페인, 《뉴욕타임스》 베스트셀러 작가, MoneySavingMom.com의 설립자

이 책에 나온 방법을 차근차근 따라가며 내 인생을 다시 계획해봤다. 우선순위가 명확해졌고, 미래라는 큰 그림을 놓치지 않으면서도 동시에 현재에 더욱 집중할 수 있었다. _ 스티븐 아터번, 《180도 내 인생을 바꾸는 선택》 저자

사람들은 묻는다. 책을 쓴 당신들은 실제로 그런 삶을 살았는가? 나는 마이클과 대니얼이 수년 동안 책에 쓴 대로 살아오는 모습을 보았다.

그들은 말할 자격이 충분하다. 우리는 그들이 차려놓은 인생 계획이라는 밥상을 먹기만 하면 된다. _ 존 엘드리지, 《와일드 하트》 저자

몇 년 전 마이클과 대니얼의 인생 계획 과정을 나와 내 팀원들의 삶에 적용해봤다. 장담하건대, 수많은 사람이 그랬던 것처럼 당신도 인생의 판을 뒤집을 수 있을 것이다. _ 토드 새먼스, 프라임대출의 CEO

우리는 이 땅에 태어나 단 한 번의 일생을 산다. 그렇기에 우리의 삶은 목적과 긍정적인 영향으로 채워져야 한다. 이 책에 나오는 인생 계획 과정은 진짜다. 당신이 세운 최고의 목표를 달성하는 데 가장 적합한 사람이 될 수 있도록 도와줄 것이다. _ 마틴 웨일런, 에실러 USA의 부사장

이것이야말로 진짜 제대로 된 코칭이다. 분별력을 되찾고 신의 부름에 응답하는 길을 누구나 쉽게 모색할 수 있게 해준다. 이 책은 셀프 리더십이 회사의 성공을 좌우한다는 중요한 진리 앞에 놓인 모든 회사를 위한 필독서이다. _ 크리스토퍼 맥클루스키, 크리스천 코칭 인스티튜트 회장

의도한 대로 사는 것이 아니라, 선한 의도에만 의지해 살고 있다면 당장 멈춰라. 이 책은 당신이 원하는 목적지로 당신을 이끌어줄 것이다. 자, 심호흡을 하고 책을 펼치시라! _ 마이클 스텔즈너, 소셜미디어 이그재미너 설립자, 《비상하라》 저자

마이클과 대니얼은 당신의 손을 잡고 인생을 멋지게 비행하는 조종사의 길로 당신을 이끈다. 이 책을 선택하라. 그리고 행동에 옮겨라. 한 번도 삶을 즐겨보지 못한 사람처럼 즐겨라! _ 크리스 더커, 《가상세계의 자유》 저자

이 책과 함께 당신은 하루 만에 인생 계획서를 만들 수 있고, 인생의 경로를 말 그대로 바꿀 수 있다. _**레이 에드워즈**, 〈레이 에드워즈 쇼〉 진행자

일과 삶의 균형을 되찾고자 하는 바쁜 기업 임원에서부터 첫 직장을 구하는 대학생까지 누구나 활용할 수 있는 책. _**데이비드 프리차드**, OCLC의 회장

당신은 지금 계획한 대로 인생을 살고 있는가? 성취와는 거리가 먼 표류하는 삶을 살고 있는가? 그렇다면 지금 당장 서점으로 달려가 이 책을 사길 권한다. _**론 블루**, 로널드 블루&컴퍼니 설립자

차례

프롤로그   당신의 성공적인 인생을 위한 애플리케이션 14

제1부 당신의 욕구를 이해하라
현실을 점검하고 인생의 목표를 분명히 하라

제1장 / 표류를 인정하라 32
우리가 어쩌다 여기까지 오게 됐을까? 34 / 표류가 불러올 결과 37 / 미래를 바꿀 올바른 선택 41

제2장 / 인생 계획서란 무엇인가 44
인생 계획서란? 45 / 올바른 질문을 던져라 48 / 강력한 질문 세 가지 51 / 당신의 인생을 위한 GPS 52 / 단순한 종잇조각이 아니라 평생의 실천이다 55

제3장 / 인생 계획서가 주는 혜택 56
혜택 1_우선순위가 명확해진다 57 / 혜택 2_균형을 유지하게 해준다 61 / 혜택 3_기회가 아닌 것을 걸러낸다 64 / 혜택 4_현실을 직시하게 한다 66 / 혜택 5_미래를 구상하게 한다 68 / 혜택 6_후회하지 않는 삶을 선물한다 71 / '왜'라는 질문을 잊을 때 표류가 찾아온다 73

제2부 인생 계획서를 만들어라
단 하루에 완성하는 균형 있는 삶과 일을 위한 플랜

제4장 / 인생의 끝을 설계하라 76

끝에서 시작하라 79 / 그렇다, 당신은 유산을 남길 것이다 82 / 강렬한 추도사 쓰기 84 / 남은 시간을 최대한 활용하라 90

제5장 / 우선순위를 정하라 93

당신의 1순위는 무엇인가 97 / 당신의 인생 계정들을 밝혀라 98 / 각각의 조건을 결정하라 104 / 인생 계정들에 우선순위를 정하라 111 / 삶의 다변적인 부분들 117

제6장 / 인생의 경로를 그려라 119

섹션 1_목적 선언 122 / 섹션 2_발전화된 미래 123 / 섹션 3_나에게 영감을 주는 글귀 127 / 섹션 4_현재의 현실 129 / 섹션 5_구체적인 약속들 130 / 매일 모래 한 알씩을 옮겨보자 137

제7장 / 온전히 하루를 바쳐라 142

오늘, 당신의 모든 것을 바꿀 수 있다 145 / '하지만'은 이제 그만 148 / 인생 계획의 날을 준비하는 방법 151 / 당신의 날을 최대한 활용하라 155 / 이제는 한 걸음을 내딛을 차례 161

제3부 계획을 실현하라
시간을 효율적으로 활용하여 인생 계획을 세우는 방법

제8장 / 계획을 실행하라 166

나는 지금 얼마나 여유가 있는가? 168 / 실행 1_일정 선별하기 170 / 실행 2_우선순위 계획하기 172 / 실행 3_기분 좋게 거절하기 178 / 시간은 제로섬 게임과도 같다 183

제9장 / 계획에 숨을 불어넣어라 184

매일매일 인생 계획을 읽자 186 / 일주일에 한 번 계획을 점검하자 187 / 분기에 한 번 계획을 수정하자 194 / 1년에 한 번 계획을 변경하자 197 / 남과는 다른 삶을 계획하라 200

제10장 / 놀라운 변화의 물결에 동참하라 202

인생 계획이 회사에 주는 가치 205 / 어떻게 인생 계획을 효과적으로 실행할 수 있을까 211 / 오늘의 변화가 내일을 바꾼다 217

에필로그	219
감사의 말	222
주	228
부록	쉽고 빠른 인생 계획 가이드 232
	유용한 포인트 232
	인생 계획서 예시 238

(프롤로그)

당신의 성공적인 인생을 위한 애플리케이션

어딘가에 도달하기 위한 첫걸음은
일단 지금 서 있는 자리에 머물지 않겠다고 결심하는 것이다.

- 존 피어폰트 모건 John Pierpont Morgan -

   7월의 어느 화창한 아침, 나(마이클)는 콜로라도 쪽의 록키산맥 한가운데를 등반하고 있었다. 길은 콸콸 흐르는 계곡을 따라 나 있었다. 야생화가 피어 있었고 소나무, 미루나무, 비옥한 흙에서 달콤한 향기가 났다. 기온은 18℃로 시원했다. 장거리 하이킹 하기에 더할 나위 없이 완벽한 조건이었다. 첫 번째 이정표에 도착하자 계곡 위로 익숙한 다리가 보였다. 잠시 멈춰 서서 주변의 풍광을 음미하며, 자연에 푹 빠져들었다.

   곧이어 계곡을 가로지르는 두 번째 다리를 건너 그 앞으로 이어진 산길을 따라 걷기 시작했다. 가파른 오르막길을 10분 정도 더 오르자, 앞으로 곧게 뻗은, 메마른 강바닥이 나타났다. 바람이 조금 불어왔고, 이 정도 걸었으면 됐다는 생각이 들었다. 물 한 모금으로 입을 축인 뒤 하산하기 시작했다.

좀 전에 지났던 계곡 위의 두 번째 다리를 지나, 올라왔던 그 길을 따라 내려왔다. 적어도 같은 길로 내려왔다고 생각했다. 이상하게도 더 이상 그 계곡물 소리가 들리지 않았다. 올라올 때보다 숲이 더 울창하고 어두웠다. 잠시 시간이 걸렸지만, 내가 그저 자연에 심취한 게 아니라는 사실을 깨달았다. 진짜로 길을 잃은 것이다! 나는 어디선가 방향을 잘못 잡은 바람에 엉뚱한 길로 들어섰다.

아이폰을 가지고 올라온 게 천만 다행이었다. 애플리케이션을 사용하여 원래의 길을 찾기로 했다. 휴대폰을 꺼내며 부디 신호가 잡히길 기도했다. '야호!' 와이파이 막대기에 모두 불이 들어왔다. 나는 애플리케이션을 통해 이제껏 걸어온 길을 추적했다. 곧 산행을 시작한 지점부터, 방향을 바꾼 지점들, 마지막에 방향을 잘못 잡은 지점까지 모두 지도에 표시되었다. 10분도 채 안 되어 올바른 길로 돌아올 수 있었다.

당신 인생의 길잡이, 애플리케이션
등산은 등산이고 우리의 일상은 다른 문제다. 간단하게 말해서 GPS 애플리케이션이 인생의 경로까지 찾아줄 수는 없지 않은가. 설마 그런 애플리케이션이 있다고?

우리가 인생 계획Life Planning이라는 말을 하면 사람들은 그게 무슨 말인지 바로 알아듣는다. 연설에서든, 코칭 수업에서든, 블로그 글에서든, 일상적인 대화에서든 간에 그 개념의 가치를 알아보지 못하는 사람은 없다.

설사 인생 계획에 대해 한 번도 생각해본 적이 없는 사람일지라도 바로 그 가치를 알아본다. 사람들이 인생 계획의 가치를 바로 알아보는 이유는 무엇일까?

- 사람들은 어쩌다 자신이 그런 지경에 이르게 됐는지 전혀 감조차 잡지 못하는 불행한 사람들을 주변에서 많이 봐왔다.
- 사람들은 내면의 깊숙한 곳으로부터 자신이 분명한 방향을 잡지 못하고 이리저리 표류하듯 살고 있다는 사실을 알고 있다.
- 사람들이 애초에 생각했던 것보다 삶은 훨씬 더 복잡하다. 그래서 사람들은 인생을 위한 지도가 필요하다는 사실을 알고 있다.
- 사람들의 눈앞에 펼쳐진 삶은 원래 바랐던 것과 다르다. 그래서 사람들은 언제라도 삶의 방향을 바로잡고 싶은 마음이 있다.
- 인생 후반에 접어든 사람 40대일 수도, 50대나 60대일 수도 있다 이라면 눈 깜짝할 사이에 시간이 이만큼 흘렀다는 사실을 믿고 싶지 않다.
- 현재 자신의 인생이 만족스러운 사람이라도, 삶은 유한하기에 훨씬 더 나은 삶을 살기를 원한다.

위의 목록에서 당신에게 해당하는 설명이 있다면, 당신은 지금 올바른 책을 찾은 것이다. 인생 계획서Life Plan란 당신이 잘못된 길로 접어들지 않고 당신이 바라는 인생의 경로대로 살아갈 수 있게 도와주는 애플리케이션이다. 계획 없이는 누구라도 의도치 않은 목적지에 도달하게 될 가능성이 크다. 불행한 결혼, 불만족스러운 직업, 좋지 않은 건강 상태 등등 그 외 다른 모든 것도 마찬가지다.

대부분의 사람은 계획이 그 자체로 얼마나 지혜로운 일인지 알고 있다. 우리는 내년의 휴가를 계획하고, 자녀의 대학 진학을 계획하며, 은퇴 이후의 삶을 계획한다. 그러나 어떤 이유에서인지 우리는 인생을 계획하는 법이 없다. 마찬가지로 이 책을 쓴 우리 두 사람도 원래는 별 다를 바 없었다. 하지만 어느 순간 우리가 무엇을 놓치며 살아왔는지를 보게 되었다.

비상벨

나대니얼는 스무 살에 모기지 산업mortgage industry: 주택 구입자에게 구입 주택을 담보로 대출해주고 이 대출채권을 근거로 증권을 발행하는 산업에 첫 직장을 가졌다. 스물세 살에 관리직으로 승진했으며, 처음 여덟 곳에 불과했던 지점은 몇 년 만에 열일곱 곳으로 늘어났다. 나는 정말 열심히 일했다. 덕분에 내가 속한 팀은 승승장구했고 우리 지점은 최고 실적을 내는 지점으로 급부상했다.

스물여덟 살에는 모든 지점을 총괄하는 부사장으로 승진했다. 캘리포니아주, 오리건주, 워싱턴주, 네바다주에 걸쳐 200곳의 대출 기관loan originators과 관리자를 감독했다. 그러나 직업 세계에서 승승장구하던 것과 달리, 나는 문득 삶에 회의를 느끼기 시작했다.

당시 회사의 CEO는 나의 멘토이자 친구였다. 그는 나에게 CEO 직을 넘겨주고 싶어 했다. 회사는 작년에 상장했고 앞으로의 미래도 더없이 밝아 보였다. 나는 애초에 세웠던 경제적 목표를 훨씬 능가하는 성공을 이뤘다. 내 경력에 있어서 그 이상의 성공이란 상상할 수 없을 정도였다.

그러나 마음속 깊이 뭔가 잘못되었다는 느낌이 들었다. 동종 업계에서 일하는 동료들 대부분은 누가 봐도 부자라고 할 수 있는 사람들이었다. 하지만, 그들은 성공을 위해 값비싼 대가를 치렀다. 누군가는 이혼을 했거나 만족스럽지 않은 결혼 생활에 대해 불평을 했다. 어떤 사람은 심각한 곤경에 처한 10대 자녀와 갈등 관계에 있었다. 어떤 사람은 칵테일이나 약물의 도움 없이는 하루를 무사히 마칠 수 없을 지경이었다. 신체적, 정신적 건강에 투자하는 사람은 거의 없었다. 변화가 빠른 다른 산업에 종사하는 사람들에게서도 비슷한 경향을 관찰할 수 있었다.

결혼하여 자녀 셋을 둔 가장이 된 지금 이 순간 나는 인생이 잘못된 길로 가고 있다는 생각이 들었다. 그 사람들은 경제적인 영역에서는 엄청난 성공을 거뒀지만 가장 중요한 영역에서는 파산한 것이나 다름없었다. 지금 그들의 삶을 이러쿵저러쿵 평가하려는 게 아니다. 당시 나는 내 인생에서 뭔가 꺼림칙한 부분을 발견했다. 그리고 다른 삶을 살기 위해서는 중대한 변화가 필요하다는 것을 깨달았다. 그러고는 당시 내가 가고 있던 방향에 대해 오랫동안 진지하게 고민했다.

모든 것을 새로운 관점에서 바라보자 성공에 대한 나의 정의가 바뀌기 시작했다. 이때까지 나를 이끌어왔던 동기가 추진력을 잃었다. 수입, 소유, 직함이 더 이상 중요하지 않았다. 나는 그 이상의 어떤 것을 원했지만 그것이 무엇인지가 확실하지 않았다. 그래서 바로 일을 그만뒀다. 어떤 사람에게는 말도 안 되는 짓처럼 보일지 몰라도 당시 나의 상황에서는 당연한 선택이었다.

나는 1년간 안식년을 갖기로 했다. 그 기간 동안 다른 직업을 탐색했고, 비즈니스 코칭 회사를 창업하기로 했다. 이 회사가 바로 빌딩 챔피언스Building Champions, Inc.다. 내가 인생 계획이라는 개념을 처음으로 접하게 된 것도 바로 이즈음이었다. 나는 영업 트레이너이자 저자이기도 한 토드 덩컨Todd Duncan과 친구가 되었다. 그는 이 새로운 사업을 시작하는 데 긴요한 역할을 했다. 인생 계획이라는 개념도 그가 운영한 하나의 교육 과정이었다.

나는 안식년 기간에 나의 첫 인생 계획서를 작성했다. 그리고 훗날 이 책의 기초가 되는 인생 계획 도구도 만들었다. 우리는 셀프 리더십이 팀 리더십보다 중요하다고 믿는다. 때문에 사업과 리더십 개발에 대해 고객과 논의하기에 앞서 개인의 인생 계획 과정을 먼저 거치게 한다. 지난 수년간 수천 명의 사람이 인생 계획 과정의 도움을 받았다.

인생 계획 과정은 나에게도 큰 도움이 되었다. 이 과정을 발견하고 실행한 지 20여 년이 지난 지금, 내 동료들이 겪어야 했던 좋지 않은 일들을 피했을 뿐만 아니라, 나에게 가장 중요한 것들을 중심으로 일상을 구성할 수 있었다.

이어지는 마이클의 이야기도 나와 비슷하다.

성공의 대가

2000년 7월, 토머스 넬슨 퍼블리셔스Thomas Nelson Publishers의 출판사들 중 하나인 넬슨북스Nelson Books의 발행인이 갑자기 사임했다. 발행인 자리를 맡아달라는 요청을 받고 나마이클는 출판 사업에 뛰어들었다. 출판사는 형편이 말이 아니었다. 익히 알고는 있었지만 그렇게 나쁠 줄은 몰랐다. 알고 보니 넬슨북스는 본사에 속한 열네 개의 사업 부문들 중 수익이 가장 낮았다.

이후 18개월 동안 넬슨북스의 정상화를 위해 정말 죽어라 일만 했다. 나는 정신없이 달렸고 우리 팀은 야근을 밥 먹듯이 했다. 넬슨은 수익이 가장 낮은 사업 부문에서 가장 수익이 높은 사업 부문이 되었다. 나는 또다시 승진했고 그에 따라 더 많은 책무가 뒤따랐다.

그러나 성공은 대가를 요구하기 시작했다. 업무량이 늘어나면서 운동량이 줄었다. 인스턴트 음식을 더욱더 많이 먹었고 점점 살이 쪘다. 과도한 스트레스로 인해 결국 응급실에 실려 갔다. 당시 나는 심장마비가 아닐까 걱정했다. 다행히도 심장마비가 아닌 위산 역류 탓에 호흡곤란과 같은 최악의 증상이 나타난 것이었다. 하지만 정말 이대로 죽는 건 아닐까 하는 생각에 무서웠다. 이 사건을 계기로 나와 관련한 모든 것을 다시 생각하게 되었다. 나는 내 일에 관한 계획은 세워두었지만, 정작 인생에 대한 계획이 없다는 점을 깨달았다. 이대로라면 남은 기력을 모두 소진하고 뻗어버리거나 아니면 정말로 죽을 것 같았다.

친구의 추천으로 나는 대니얼을 총괄 코치로 고용했다. "당신은 얼마든지 다르게 살 수 있습니다." 대니얼은 이렇게 말하며 나에게 용기를 주었다. 누구나 목적과 균형을 갖춘 삶을 살아갈 수 있다고 대니얼은 말하며, 그 첫 번째 방법으로 인생 계획서를 만들어보길 권했다. 내가 일 외에 내 인생의 다른 중요한 영역들에서 어떠한 결과를 얻고자 하는지 체계적으로 생각해본 것은 그때가 처음이었다. 몇 개월 후 나는 처음으로 뭔가를 꿈꾸기 시작했다.

"인생 계획서를 만든다고 해서 삶의 역경이나 예기치 못한 방향의 전환을 피할 수 있는 것은 아닙니다. 대신 인생 계획서는 당신이 보다 적극적인 삶의 참여자가 될 수 있게 도와주고 미래를 계획적으로 꾸려갈 수 있게 해주죠." 그가 옳았다. 인생 계획서를 만들고, 정기적으로 그것을 검토하고, 필요할 때 갱신하는 일련의 경험은 우리 둘 모두를 바꾸어 놓았다. 가족, 친구, 경력, 관심사와 같은 영역들이 균형을 이루며 발전했다. 인생 계획서는 우리가 궤도에서 벗어나지 않게 도와주었고 우리가 무엇을 가장 가치 있게 여기는지를 놓치지 않게 해주었다.

지금부터 여러분과 나누고자 하는 인생 계획서의 힘은 우리 자신의 경험에서 나온 것이다. 게다가 희소식이 있다. 인생 계획서는 꼭 번아웃 증상이 찾아온 중년의 경영자들에게만 효과가 있는 것은 아니다. 사실 인생 계획은 일찍 시작하면 할수록 원하는 삶—경제적 영역, 인간관계 영역, 신체적 영역 및 영적 영역—을 성취하는 데 더 효과가 있다. 나이와 상관없이 누구나 자기 삶에 대한 주도권을 되찾을 수 있으며 올바른 방향을 가리키는 나침반을 손에 넣을 수 있다.

긍정적인 변화를 일으킬 준비가 되었는가

누구나 때로 삶의 방향을 잃는다. 우리는 올바른 방향을 알고 있다고 생각하지만 길에서 벗어나 헤맨다. 우리는 어떻게 해야 다시 바른길로 되돌아갈 수 있을지 잘 알지 못한다. 아니면 어떤 방향으로 가고 있는지 정확하게 알고는 있지만 목적지가 마음에 들지 않을 수도 있다!

이 책에서 우리는 당신이 삶에 대한 비전을 정연하게 구체화할 수 있도록 돕고자 한다. 또한 당신이 더 나은 목적지에 도달할 수 있는 계획서를 설계할 수 있도록 도울 것이다. 앞으로 하게 될 작업의 핵심은 당신의 사적인 세계와 공적인 세계에 속한 현실들을 투명하게 들여다보는 것이다. 이 투명한 인식을 바탕으로 당신은 더 나은 결정을 내릴 수 있을 것이며 더 나은 삶의 이야기를 써내려갈 수 있을 것이다.

이 책은 당신의 삶에서 진정으로 가능한 것이 무엇인지를 알아보는 감각을 키워줄 것이다. 만약 균형이 맞지 않다는 느낌이 든다면, 만약 각 영역들의 보조가 일정치 않다는 생각이 든다면, 이 책이 바로 당신에게 필요한 책이다. 만약 당신이 일에 있어서는 엄청난 성과를 거두고 있지만 사생활의 중요성도 무시하고 싶지 않다면, 만약 당신이 경제적인 성공에 더 집중하고 싶다면, 만약 당신이 최근에 비극적인 사건을 겪고 갑자기 인생이 짧다는 생각을 하게 되었다면, 만약 당신이 이러한 경우들 중 어느 하나에라도 해당한다면, 그런 당신을 위한 책이 바로 여기에 있다.

이 책은 삶의 모든 영역에 더 나은 결정을 할 수 있는 도구가 되어줄 것이다. 한 가지 좋은 소식은 우리가 알고 있는 것보다 더 많은 힘이 스스로에게 내재되어 있다는 사실이다. 우리의 하루는 일생 전체를 바꿀 수 있는 수천 가지의 기회로 가득 차 있다. 우리는 당신이 최대한 진취적이고, 계획적이고, 유익한 결정을 내릴 수 있도록 돕고자 한다.

마지막으로 이 책은 당신이 이 세상에 의미 있는 기여를 하고, 주변 사람들에게 소중한 가치를 더할 수 있도록 도울 것이다.

긍정적인 결과에는 결단력이 있는 행동이 선행한다. 우리의 목표는 당신에게서 행동을 이끌어내는 것이다. 그럼으로써 당신은 원하는 변화를 경험할 수 있다. 이 책에서 우리는 틈날 때마다 당신에게 행동을 촉구할 것이다. 지금껏 갖가지 종류의 상황에 처한 사람들을 코치했고 변신에 가까운 놀라운 변화를 목격했다. 중요한 것은 당신이 긍정적인 변화를 일으킬 준비가 되어 있는가이다.

이것이 핵심이다.

J. P. 모건의 "어딘가에 도달하기 위한 첫걸음은 일단 지금 서 있는 자리에 머물지 않겠다고 결심하는 것이다"라는 말은 백번이고 옳다.

자, 그럼 앞으로 나아가 보자.

책 한눈에 훑어보기

이 책은 열 장으로 이루어져 있다. 당신은 이 장들을 거치는 동안 인생 계획의 필요성을 깨닫고, 인생 계획서를 만드는 과정을 들여다볼 것이며, 실행에 대한 동기와 자극을 얻게 될 것이다. 그리하여 궁극적으로는 보다 진취적이고, 보다 계획적인 결정들로 일상을 채워나갈 준비를 마치게 될 것이다. 우리가 추천한 것들을 따른다면 당신은 과거를 향한 백미러가 아니라 투명한 앞 유리창을 통해 미래를 바라보며 살게 될 것이다. 당신은 미래를 향해 나아가는 삶을 사는 노하우를 얻게 될 것이다. 다음은 각 장을 요약한 것으로 책을 읽는 당신에게 길잡이가 되어줄 것이다.

제1장 표류를 인정하라

왜 자신의 인생을 계획하는 사람이 별로 없는지, 인생을 계획하지 않으면 어떤 일이 생길 수 있는지를 들여다본다. 우리는 인생 계획이 없을 때 처할 수 있는 상황을 '표류'라고 부른다. 표류라는 의미심장한 은유를 통해 우리가 어떻게 해서 스스로 택하지 않은 목적지에 도달하게 되는지를 이해할 수 있다.

제2장 인생 계획서란 무엇인가

우리가 인생 계획서라고 부르는 것이 정확히 어떤 것인지, 어떤 것이 인생 계획서이고 어떤 것이 인생 계획서가 아닌지 정의한다. 또한 당신이 인생 계획서를 설계하는 데 가장 중요한 영향을 미치는 세 가지 질문을 공유할 것이다.

제3장 인생 계획서가 주는 혜택

인생 계획을 통해 얻게 되는 주요 혜택 여섯 가지를 자세하게 설명한다. 인생 계획서를 만들고 시행하려 한다면 '왜 굳이 그것을 해야 하는가'라는 의문을 먼저 해소하는 것이 중요하다.

제4장 인생의 끝을 설계하라

이 장에서는 여러분이 죽음을 앞두고 있다고 생각하고 다음의 질문을 스스로에게 해보길 바란다. "내가 죽으면 나의 가족들, 친구들, 동료들이 나에 대해 뭐라고 말할까?"

소름끼치는 질문처럼 들릴 수도 있겠지만 사실은 아주 유익한 질문이다. 여러분이 세상을 떠날 때 남기고 가는 것들 중에서 진정으로 중요한 것은 바로 여러분이 만든 추억이다. 당신은 어떤 사람으로 기억되고 싶은가? 당신이 원하는 대로 추억을 만들 수 있다는 가능성은 긍정적인 변화를 자극하는 강력한 동기가 될 수 있다.

제5장 우선순위를 정하라

우리는 당신이 다양한 '삶의 계정들 Life Accounts'을 구체화하는 작업을 돕는다. 이를 위해 인생 평가 프로필 Life Assessment Profile 이라는 평가 도구를 소개한다. 당신은 이 도구를 통해 당신이 인생의 주요 영역 아홉 가지에 각각 얼마만큼의 열정을 쏟았고 얼마만큼 진전했는지 확인할 수 있다.

제6장 인생의 경로를 그려라

우선순위를 결정했다면 각각의 계정을 위한 '실행 계획서 Action Plan'를 세울 차례다. 이 장에서는 당신이 현재 어디에 있는지를 밝히고 당신이 어디로 나아가고 싶은지를 고민한다. 목적을 한 문장으로 표현하는 목적선언 하는 방법, 비전화된 미래를 묘사하는 방법, 당신이 현재 처한 현실을 나타내는 방법, 구체적인 약속을 세우는 방법을 보여준다.

제7장 온전히 하루를 바쳐라

당신이 여기까지 왔다면 인생 계획서를 만드는 데 필요한 모든 도구를 다 갖춘 셈이다. 이제 드디어 인생 계획서를 만들 때가 왔다. 나중으로 미루지 말고 지금 당장 만들어보라. 우리는 오늘의 일정을 계획하는 일이 얼마나 중요한지, 오늘의 일정을 어떻게 계획해야 하는지, 마지막으로 어떻게 실행에 옮기는지 설명할 것이다.

제8장 계획을 실행하라

이제는 당신의 인생 계획서가 진가를 발휘할 차례다. 인생 계획의 목적은 당신의 삶을 변화시켜 당신이 항상 꿈꿔왔던 삶을 살아가게 하는 것이다. 핵심은 물리적인 토대를 마련하는 데 있다. 즉 목표에 도달할 때까지 새로운 규칙들을 실행하는 데 드는 시간과 에너지를 확보하는 것이다. 우리는 목표를 향한 전진에 필요한 물리적 토대를 만드는 세 가지 전략을 당신에게 전수한다.

제9장 계획에 숨을 불어넣어라

인생 계획서는 정기적으로 검토하지 않으면 쓸모가 없다. 주마다, 분기마다, 해마다 정기적으로 검토하는 게 좋다. 또한 검토 수단과 참고할 만한 안건들을 제공한다.

제10장 놀라운 변화의 물결에 동참하라

현명한 조직은 직원들에게 인생 계획서를 만들도록 장려한다. 당신이 CEO든 아니든 당신의 조직에 인생 계획 과정을 적용하는 것이 왜 필요한지 그리고 어떻게 시행할 수 있는지 설명한다. 인생 계획 과정을 통해 직원들의 생산성과 참여도가 오를 것이며, 오늘날 경쟁 사회에서 전략적으로 유리한 문화를 창출하게 될 것이다.

제10장을 마지막으로 모든 장이 끝나면 각자 다른 환경에서 살아온

네 사람의 인생 계획서를 소개할 것이다. 그것들을 보면 각각의 부분들이 어떻게 하나의 인생 계획서를 구성하는지 알 수 있을 것이다. 여기에 소개된 기본적인 자료들은 LivingForwardBook.com에 방문하면 구할 수 있다.

여정이 시작되었다

이 책을 선택해준 독자 여러분께 감사드린다. 장담하건대 앞으로 소개될 아이디어와 과정을 여러분이 충실히 활용한다면 분명 더 나은 인생을 살아갈 수 있을 것이다.

이 책은 인생의 평화를 원하는 사람이라면 누구나 공감할 책이다. 그 평화는 자신에게 가장 중요한 것이 무엇인지 아는 것에서 비롯된다. 또한 삶의 변화를 가져다줄 행동들로 자신의 하루, 한 주, 한 달, 일 년을 어떻게 보낼지 아는 것에서 비롯된다.

여러분이 이제 페이지를 넘겨 제1장을 펼치는 행위는 이 책의 본문을 읽기 시작한다는 것 그 이상을 의미한다. 그것은 인생의 변혁, 즉 목적과 의도가 이끄는 삶의 시작을 의미한다. 그 변화가 지금 시작된다.

제1부

당신의 욕구를 이해하라

현실을 점검하고
인생의 목표를 분명히 하라

제1장
표류를 인정하라

~~~

항구에 닿기 위해서는 반드시 항해를 해야 한다. 때로는 바람을 타고 때로는 바람에 맞서 항해할 뿐, 도중에 표류하거나 닻을 내려서는 안 된다.

_ **올리버 웬델 홈즈** Oliver Wendell Holmes

나^{대니얼}는 오리건 코스트^{Oregon Coast}에 작은 오두막집을 하나 갖고 있다. 미 북서부의 해변들은 기막히게 아름다운 데다가 파도는 스릴 있는 서핑을 즐기기에 환상적이다. 가을 및 겨울철에 부는 거센 바람은 매우 큰 파도를 만들어낸다. 때때로 거센 바람과 조류로 인해 파도가 순식간에 높이 솟아오르곤 한다. 이때 파도에 한번 휩쓸리면 목숨을 잃을 수 있을 정도로 매우 위험하다.

그날도 그렇게 파도가 거셌다. 근처에는 바다를 향해 약 100미터 이상 툭 튀어나와 있는 곳이 있었다. 파도가 그 곳이 끝나는 지점을 향해 몰려와 부서졌다. 나는 세 친구와 함께 보드 위에 엎드려 손으로 노를 저어 바다로 나아갔다. 그중 오스틴이라는 친구는 서핑이 처음이었다. 우리가 바다로 나아간 지 얼마 되지 않았을 때였다. 오스틴이 곶에서 바다로 향하는 조류에 휩쓸렸다. 그는 매우 거센 이안류에 휩쓸려 꼼짝할 수 없었다.

오스틴은 강한 친구였지만 바다에 대한 지식이 부족했기 때문에 조류에서 빠져나오는 방법을 알지 못했다. 조류는 점점 더 바다 먼 곳까지 그를 끌고 갔다. 나는 이안류의 가장자리를 향해 손으로 노를 저어 간 다음 조류를 따라 그가 있는 곳으로 갔다. 그를 따라잡고는 서둘러 방향을 바꾸라고 말했다. 상식적으로는 해안 쪽으로 노를 젓는 것이 당연하겠지만 우리는 그와 반대로 해안선과 평행을 그리며 노를 저었다. 그렇게 계속 가다 보면 분명 이안류에서 빠져나와 좀 더 잔잔한 곳에 들어서리라는 것을 알았기 때문이다. 거기서부터는 해안가를 향해 노를 젓기가 한결 수월해진다. 그렇게 30분 정도 걸려, 마침내 우리는 탈진한 채로 해변에 도착했다.

마찬가지로 인생에서도 이러한 강력한 조류와 만날 수 있다. 조류는 우리를 붙잡고 이상한 방향으로 끌고 간다. 잘못될 경우 위험한 상황에 처하기도 한다. 많은 사람이 40대, 50대, 60대가 되어서 주변을 둘러보다 문득 자신이 망망한 바다 한가운데에 놓여 있다는 사실을 알아차린다. 건강이 나빠졌거나, 결혼 생활이 파탄 났거나, 경력이 오랫동안 제자리걸음을 하고 있다. 어쩌면 영적 유대감을 잃어버려 삶이 의미 없고, 만족스럽지 않게 느껴질지도 모른다. 어떤 경우든 간에 사람들은 원래 의도했던 곳과는 한참 떨어진 곳에 와 있다는 사실을 발견한다. 표류의 희생자가 된 것이다.

우리가 어쩌다 여기까지 오게 됐을까?

보통 우리는 다음의 네 가지 중 한 개, 또는 두 개 이상의 이유로 인해 표류하게 된다.

1. 알지 못해서

때로 우리는 단순히 지금 벌어지고 있는 상황이 어떤 상황인지 알지 못해서 또는 시급한 문제가 무엇인지 알지 못해서 표류한다. 바로 위의 이야기에서 오스틴이 표류하게 된 것도 바로 이 때문이다. 오스틴은 이안류라는 것을 전혀 알지 못했고 경험해본 적도 없었다.

이런 일은 실생활에서도 일어날 수 있다. 우리가 건강, 결혼 생활의 원동력, 일에 관해 갖고 있는 가정들이나 추측들 중에는 실제로 도움이 안 되는 것이 있을 수 있다. 우리는 인생에 대해 부정확한 견해를 가지고 있다. 다르게 보는 눈을 갖기 전에는 이를 알 수가 없다.

2. 다른 일에 정신을 파느라

나^{마이클}도 언젠가 이안류에 휩쓸린 적이 있다. 아내인 게일^{Gail}과 함께 하와이로 휴가 갔을 때였다. 우리는 서핑보드를 타고 스노클링을 하러 바다로 나갔다. 바닷속 풍경은 환상적이었다. 그 풍경에 너무 정신이 팔린 나머지 우리는 해안선을 따라 이동해야 한다는 사실을 깜빡했다. 별안간 정신이 번쩍 들어서 고개를 쳐들고 주변을 둘러보았다. 우리는 해변으로부터 수백여 미터 떨어진 바다 한가운데까지 와 있었다. 아내와 나는 죽을힘을 다해 헤엄쳐 돌아와야 했다!

어쩌면 당신도 하루 종일 일에 정신이 팔려서 가족과 보내는 시간이 거의 없을지도 모른다. 또는 아이들 키우기 바쁘다고 자신의 건강을 돌보지 못하고 있을 수도 있다. 아니면 최신 앱이나 전자 기기에 푹 빠지는 바람에 직장에서 일을 소홀히 하고 있을 수도 있다.

3. 삶이 벅차서

때로 우리는 능력 이상의 일을 벌이곤 한다. 우리는 감당할 수 없는 일까지 감당하려 한다. 어느 쪽이든 늪에 빠진 느낌을 받는다. 우리는 지금의 상황이 금방 지나갈 것이라고 스스로를 세뇌시킴으로써 그 느낌을 완화하려 한다. '이 시기만 잘 넘기면 ○○에 완전히 집중할 거야'

라며 자신과 주변 사람들에게 약속한다.

이런 방법이 정당할 때도 있지만 대개 그것은 변명에 불과하다. 특히 여기저기에 감당하지 못할 상황을 만들어놓고 거기에 휩쓸려 다닐 뿐, 모든 것을 멈추고 '왜 나는 계속 이런 상황에 처하게 되는 걸까?'라고 질문하지 않는 사람이라면 더욱더 그렇다.

4. 스스로를 속이기 때문에

우리의 정신이 어떻게 작동하는지를 보면 매우 놀랍다. 우리는 자신의 믿음과 현실 간의 관계를 거의 의식하지 않고 지낸다. 헨리 포드[Henry Ford]는 이렇게 말했다. "당신이 어떤 일을 할 수 있다고 믿으면 믿는 대로, 믿지 않으면 믿지 않는 대로 현실이 된다." 다시 말해 우리는 믿는 것을 경험하게 된다.

이것은 특히 표류와 관련이 있다. 어쩌면 당신은 변화할 수 없다고 생각하는지도 모른다. 혹은 그들이 바뀌지 않을 것이라고 믿거나 세상이 바뀌지 않을 것이라고 믿는다. 당신은 당신에게 통제 능력이 있다는 사실, 즉 당신이 결과에 영향을 미칠 수 있다는 사실을 받아들이려 하지 않는다. 당신은 방향을 전환할 힘이 자신에게 없다고 생각하고 그 결과 표류하게 된다.

표류가 불러올 결과

표류는 심각한 결과를 초래할 수 있다. 당신뿐만 아니라 당신이 사랑하는 사람들, 당신에게 의지하는 사람들에게도 영향이 미친다. 어떤 표류는 엄청나게 위험한 상황으로 이어진다. 이러한 위험을 피하고 적절한 수정 조치를 취하기 위해서는 먼저 표류가 어떤 결과를 낳을 수 있는지 알아야 한다. 그러면 다음의 다섯 가지 결과 중 하나 또는 그 이상의 결과를 피하는 데 도움이 될 것이다.

1. 혼란

표류하는 중에는 판단력을 잃는다. 시야에 명확한 목적지가 없으면, 그 여정에 대한 도전이 무의미해 보인다. 일상의 작은 드라마에 의미를 부여하는, 인생의 큰 그림이 없는 것이다. 이런 상황에 처하면 우리는 허공에 붕 뜨게 된다. 나침반이나 GPS 없이 산을 오르는 사람처럼 같은 곳을 맴돌고 상관없는 사건들과 활동들 사이에서 길을 잃는다. 결국 인생에 어떤 의미가 있는 건 아닌지, 절박하게 인생의 목적을 찾아야 하는 건 아닌지 묻게 된다.

2. 비용

표류에는 엄청난 대가가 뒤따를 수 있다. 돈도 그렇지만 무엇보다도 시간을 낭비하게 된다. 우리는 살면서 이리저리 왔다 갔다 할 때가 많다. 어디로 가야 하는지 확신을 갖지 못하고 한정된 귀중한 자원을 마구 써버린다. 우리가 할 수 있는 최선은 잠깐 멈춰 서서 지금 자신이 어떤 처지에 있는지를 파악하는 것이다. 잠깐 멈추는 행위가 여정을 지연시키는 것처럼 보일 수도 있다. 하지만 당신이 정말로 원하는 곳에 도달하기 위해서는 한 번쯤 멈추는 것이 보다 빠르게 가는 길이며 비용도 적게 든다.

3. 잃어버린 기회

분명한 목적지를 그려보지 않으면 이것이 기회인지 아니면 엉뚱한 곳으로 새는 길인지 구별하기가 매우 어렵다.

우리는 묻는다. '이 일을 계기로 나는 목표에 더 가까워질 수 있을까? 아니면 더 멀어질까?' 계획이 없다면 답을 구할 길이 없다. 목적과 계획이 없다면 다급할 이유도 없고, 기회를 붙잡을 이유도 없으며, 기회를 놓친다는 말 자체가 성립되지 않는다. 이런 상황에서는 질질 끌면서 판단을 미루기가 쉽다. 하지만 기회는 대개 유통 기한이 있다. 한 번 기회를 놓치면 그 기회는 영영 다시 찾아오지 않는다.

4. 아픔

인생에는 피하기 어려운 아픔들이 있다. 그런데 그 아픔들 중 대부분은 우리가 자초한 것이다. 단순히 계획을 세워두지 않은 것 때문에 그렇게 되는 경우가 너무 많다.

예를 들면 다음과 같다.

- 육체적인 건강이든, 정신적인 건강이든, 영적인 건강이든 건강에 대한 계획이 없다면 우리는 결국 아프게 되거나, 에너지를 잃거나, 우울증에 빠지거나, 심지어는 죽을 수도 있다!
- 경력에 대한 계획이 없으면 우리는 성취감을 느끼지 못하거나, 오랫동안 경력이 정체되거나, 실업자가 될 수 있다.
- 결혼 생활에 대한 계획이 없으면 결혼 생활이 끔찍해지거나, 별거하거나, 이혼하게 될 수 있다.
- 부모 역할에 대한 계획이 없으면 소원한 관계가 되거나, 아이가 엇나가거나, 심각하게 후회하는 일이 생길 수 있다.

이것이 우리가 표류로 인해 처할 수 있는 위험이다. 만약 우리가 계획 없이 인생이라는 길에 나선다면 매우 곤란한 상황에 처할 수 있다.

5. 후회

아마도 표류가 가져올 결과들 중에 가장 슬픈 것은 깊은 회한을 품은 채로 인생을 마감하는 일일 것이다. 우리는 '만약 내가 다르게 행동했더라면' 하면서 후회할 일들을 경험한다.

만약 내가 더 좋은 음식을 먹고, 운동을 더 많이 하고, 내 몸을 더 잘 챙겼더라면…….

만약 내가 더 많은 시간을 독서에 투자하고, 외국어를 배우고, 다른 나라를 여행했더라면…….

만약 내가 배우자와 교감하는 데 더 많은 시간을 보냈더라면, 말하기보다는 들어줬더라면, 이해받으려고 하기보다는 이해하려고 노력했더라면…….

만약 내가 아이들과 더 많은 시간을 보냈더라면, 아이들의 운동 경기나 연주회에 가주었더라면, 아이들을 데리고 캠핑을 가거나 낚시를 하러 갔었더라면, 인생을 항해하는 방법을 설명해주었더라면…….

만약 내가 보다 관대했더라면, 도움이 필요한 사람들에게 내 시간과 재능과 돈을 나누었더라면…….

우리는 모두 '인생이란 드레스 리허설이 아니다'라는 격언에 담긴 진실을 이해한다. 우리는 표류가 불러온 결과를 어떻게든 헤쳐 나가기 위해 노력하고 있다. 그것을 피해 가는 길은 없다. 하지만 한 가지 희소식이 있다면 우리가 내리는 결정만큼은 스스로 통제할 수 있다는 점이다.

오늘이 바로 정말 중요한 결정을 내릴 수 있는 그날이다.

미래를 바꿀 올바른 선택

인생 계획은 표류와 정확히 반대되는 것이다. 표류가 수동성이라면 인생 계획은 진취성이다. 표류가 외부의 조건이나 다른 사람을 탓하는 것이라면 인생 계획은 책임을 지는 것이다. 표류는 계획 없이 사는 것이다. 반면 인생 계획은 계획을 세우고 그것을 관철시키는 것이다.

이 책은 여러분이 성취했으면 하는 세 가지 목표를 바탕으로 구성되었다.

1. 당신의 현재 위치를 파악하라

우리는 당신이 정한 목적지를 기준으로 당신의 현재 위치를 파악하도록 도울 것이다. 각각의 영역에 드러난 당신의 현재 위치를 완전히 인정하는 것이야말로 보다 나은 방향성을 잡는 데 중요하다. 이에 대해서는 제2~3장에서 다룰 것이다.

2. 당신이 어디에 도달하고 싶은지를 결정하라

인생 계획의 본질은 보다 나은 미래를 구상하는 것이다. 우리는 당신에게 꿈을 꿀 수 있는 권리를 되돌려주고 싶다. 당신은 어떤 종류의 육체적 건강, 정신적 건강, 영적 건강을 원하는가? 당신은 어떤 종류의 경력을 성취하고 싶은가? 당신은 어떤 결혼 생활을 하고 싶은가? 당신은 왜 지루하거나 위험한 상황들 사이를 표류하는 삶에 만족하는가? 이에 대해서는 제4~7장에서 다룰 것이다.

우리는 당신에게 간단하면서도 강력한 도구와 견본을 제공할 것이다. 이것들은 당신이 원하는 인생의 경로를 그리는 데 도움이 될 것이다.

3. 목표 도달을 위해 노력하라

자신의 현재 위치를 인정하고 목적지를 결정하고 나면 목표를 향해 출발할 수 있다. 그렇다. 쉽지는 않을 것이다. 하지만 이제 당신은 목표와 현재 위치 간의 간극을 알게 되었다. 그리고 알게 된 이상 당신은 목표 도달을 위한 행동들로 하루를 채워나갈 수 있다. 일단 계획이 있으면 매일매일이 목적지에 가까워질 수 있는 기회로 바뀐다. 이에 대해서는 제8~10장에서 다룰 것이다.

당신이 지금 어디에 있든 간에 해주고 싶은 말이 있다. 어쩌면 당신은 다시 바른길로 돌아가기에는 너무 멀리 와 있다고 생각할 수도 있다. 마치 해변으로부터 아득히 멀리 떨어져 있는 것처럼 말이다. 당신은 희망을 포기하고 영영 달라질 수 없을 것이라고 굳게 믿고 있을 수도 있다. 하지만 그것은 사실이 아니다. 인생에서 늦었다고 할 수 있는 때는 없다. 용기를 가져라. 과거를 바꿀 수는 없다. 하지만 우리 모두에게는 미래를 바꿀 힘이 있다. 오늘의 올바른 선택이 내일을 완전히 바꿔놓을 것이다.

제2장
인생 계획서란 무엇인가

작은 계획은 세우지 마라. 작은 계획은 사람의 피를 끓게 할 마법의 힘이 없으며, 현실화될 가능성이 낮다. 큰 계획을 세우고, 소망을 원대히 하여 일하라. 잊지 마라. 고귀하고 합리적인 설계도는 한번 그려지고 나면 영원한 생명력을 갖는다는 것을.

_ 대니얼 H. 번햄 Daniel H. Burnham

벤저민 프랭클린 Benjamin Franklin 은 우리가 아는 한 최초의 인생 설계사이다. 1730년 무렵 20대 후반이었던 프랭클린은 자기 계발을 위한 계획서의 초안을 작성했다. 프랭클린은 기르고 싶은 핵심 덕목 열세 가지를 목록으로 만들었다. 절제, 절약, 근면, 겸손 등이 그것이다. 그는 매주 한 가지 덕목에 집중했고 얼마나 진전했는지 확인하기 위해 매일 차트에 기록했다.[1]

달성하기 어려운 대상을 목표로 삼았기 때문인지 프랭클린의 계획은 상대적으로 단순했다. 하지만 내^{마이클}가 인생 계획에 대해 처음 들었을 때, 회사의 전략적 계획 같은 것을 떠올렸다. 고리 세 개짜리 바인더에 들어 있는 구체적인 SWOT 분석[2], 실행 계획^{action plan}, 간트 차트^{Gantt chart}와 같은 것인 줄 알았다. 누가 그런 걸 만들 시간이 있겠냐는 말이다.

인생 계획서란?

많은 사람이 이 주제로 글을 쓰고 말을 해왔겠지만 인생 계획이라는 말은 금융 서비스 산업에서 즐겨 사용되어온 것으로 보인다. 이 단어를 구글에 검색해보면 검색 결과의 99%는 금융 또는 보험 상품을 파는 웹사이트이다. 물론 우리는 거기에 속하지 않는다. 우리는 하나의 특정한 문서를 가리켜 인생 계획서라고 부른다. 우리가 인생 계획서라고 할 때 그 의미는 다음과 같다.

인생 계획서는 짧은 길이로 작성된 문서이다. 보통 8쪽에서 15쪽 정도 된다. 인생 계획서는 당신 자신을 위해 만든 것이다. 인생 계획서에는 당신이 어떻게 기억되고 싶은지가 담겨 있다. 당신은 인생 계획서를 통해 개인적인 우선순위를 구체화한다. 인생 계획서는 인생의 모든 주요 영역에 걸쳐 당신이 지금 있는 곳에서 원하는 곳으로 가는 데 필요한 구체적인 행동을 담고 있다. 남은 일생 동안 필요에 따라 수정하고 조정할 수 있는 하나의 살아 숨 쉬는 문서이다.

인생 계획서에 대한 위의 정의를 한 문장씩 다시 풀어보자.

'인생 계획서는 짧은 길이로 작성된 문서이다. 보통 8쪽에서 15쪽 정도 된다.' 그렇다. 사실이다. 크고 두꺼운, 고리 세 개짜리 바인더 안에 들어 있는 수백 쪽 분량의 상세 계획서가 아니라, 매일 또는 매주 쉽게 꺼내 읽어볼 수 있는 짧은 문서이다.

짧다고 우습게 보지 마라. 길이는 영향력과 상관관계가 없다. 십계명, 산상수훈, 밀라노칙령, 대헌장, 루터의 95개조 반박문, 메이플라워 서약, 미국독립선언서, 미국 헌법, 게티스버그 연설, 노예해방선언 등 세상을 바꾼 문서들은 전부 5000자 이내로 쓰였다. 출판된 책을 기준으로 하면 15쪽에서 20쪽에 불과하다. 그중 대부분은 심지어 1000자가 채 되지 않으며 3쪽에서 5쪽에 그친다. 역사의 경로를 바꾸는 글이 꼭 길어야 할 필요는 없다. 당신의 역사를 바꿔줄 인생 계획서도 마찬가지로 길어야 할 필요가 없다. 8쪽에서 15쪽이면 충분하다.

'인생 계획서는 당신 자신을 위해 만든 것이다.' 당신을 위한 인생 계획서를 다른 사람에게 대신 쓰라고 할 수는 없다. 이것은 당신에게서 비롯돼야 하는 일이다. 인생 계획서는 당신의 가슴에서 우러나온 것이어야 한다. 다른 어떤 누구도 당신을 대신해서 인생 계획서를 만들어줄 수 없다. 또한 다른 사람이 당신의 인생 계획서를 읽을 일은 거의 없다. 어쩌면 배우자나, 가까운 친구, 코치와 같은 사람들이 당신의 목표 달성을 돕기 위해 읽을 수는 있겠지만, 인생 계획서는 전적으로 당신에 의해, 당신을 위해 만들어진 것이다.

'인생 계획서에는 당신이 어떻게 기억되고 싶은지가 담겨 있다.' 우리가 남기는 유산의 정수는 만난 사람들과 사랑한 사람들의 인생에 남긴 추억들이다. 멋진 점은 그 추억들을 설계할 수 있는 기회가 지금 우리에게 있다는 것이다. 추억을 만들 때는 우연에 의지할 필요가 없다. 의도에 따라 얼마든지 추억을 만들 수 있다.

'당신은 인생 계획서를 통해 개인적인 우선순위를 구체화한다.' 우리의 우선순위는 대개 외부적인 조건, 예를 들면 배우자, 부모님, 가족, 직장 상사, 사회적 관계망 등에 의해 설정된다. 우리가 스스로 우선순위를 정할 수는 없는 걸까? 나는 내 인생을 어떤 것들로 채우고 싶어 하는가? 우리가 우선순위를 매긴 대상들이 미래에 어떠한 모습이기를 바라는가? 인생 계획서를 만드는 것은 머릿속에 든 구상을 정의해볼 수 있는 기회이다.

'인생 계획서는 인생의 모든 주요 영역에 걸쳐 당신이 지금 있는 곳에서 원하는 곳으로 가는 데 필요한 구체적인 행동을 담고 있다.' 그렇다. 우리는 행동을 취할 것이다. 우리는 행동하기를 그치지 않을 것이며 타협하지 않을 것이다. 우리의 행동은 해군이 잠수함을 만들 때나 회사가 신제품을 소개할 때 사용하는 그런 종류의 행동과는 다르다. 우리가 취할 행동은 간단하고 단도직입적이다.

'남은 일생 동안 필요에 따라 수정하고 조정할 수 있는 하나의 살아 숨 쉬는 문서이다.' 이것이 핵심이다. 인생 계획서는 단순히 어떤 수단이나 결과물이 아니다. 인생 계획서는 계획, 시행, 평가가 진행되는 과정의 발현이다. 그리고 그 과정은 처음부터 다시 반복된다. 인생 계획서는 처음 만들 때가 가장 힘들다. 당신 혼자서 처음부터 끝까지 새롭게 만들어내야 하기 때문이다. 마치 바퀴 하나를 발명하는 것처럼 어렵게 느껴질 수 있다. 하지만 한 번 만들고 나면 1년에 한 번씩 수정하고 개선하면서 바퀴를 계속 굴려주기만 하면 된다.

올바른 질문을 던져라

인생 계획서의 형식은 아주 중요한 세 가지 질문으로 구성된다. 그 질문들을 알려주기 전에 우리는 이 질문들이 얼마나 강력한 힘을 갖고 있는지에 대해 먼저 이야기하고 싶다. 삶은 우리가 가진 질문에 의해 만들어진다. 좋은 질문은 좋은 결과를 이끌어내고, 나쁜 질문은 나쁜 결과를 만들어낸다.

예를 들어 2003년에 나^{마이클}는 토머스 넬슨 출판사의 회장으로 부임했다. 이 회사는 미국에서 일곱 번째로 큰 출판사였다. 실적에 대한 압박이 심해, 나는 눈코 뜰 새 없이 바쁘게 살아야 했다.

어느 날 아침 출근길이었다. 오른손에는 노트북을, 왼손에는 커피 한 잔을 들고 집을 나서기 위해 계단을 내려왔다. 아래층 바닥에서 네 계단 정도 되는 높이에 이르렀을 때 나는 그만 카펫에 발이 미끄러졌다. 계단 난간을 잡기에는 손이 모자랐기 때문에 그대로 굴러서 바닥에 대자로 뻗었다. 커피가 사방에 튀었다. 하지만 이것은 시작에 불과했다.

이미 회사에 늦은 데다 할 일이 산더미같이 쌓인 날이었다. 서둘러 일어나서 상태를 대충 확인하고 바로 움직이려고 했다. 그 순간 엄청난 고통이 밀려왔다. 발목이 부러진 것이다. 하루가 완전히 날아갔다. 이어진 열흘 동안 아무것도 하지 못했다. 수술을 받아야 했다. 금속판과 나사 여섯 개로 발목을 고정시켜야 했고, 무엇보다도 세 달 동안 발목 보호대를 하고 재활치료를 받아야 했다. 회장의 일과와는 아주 거리가 먼 날들을 보냈다! 정말 최악의 타이밍이었다.

그때 나는 다음과 같이 질문할 수도 있었다. '나는 왜 이렇게 허둥댈까?' '왜 지금 이런 일이 나에게 일어나는 걸까?' '내가 뭣 때문에 이런 일을 당해야 할까?' 하지만 이 질문들은 전적으로 비생산적이고 사람을 무력하게 만든다. 물론 누구나 자연스럽게 이런 질문을 할 수 있다. 어쩌면 필연적인 질문인지도 모른다. 상실에 대한 슬픔을 분출하는 과정의 일부이기 때문이다. 하지만 궁극적으로 더 나은 질문들이 있다.

뭔가 부정적인 사건이 벌어졌을 때 떠올릴 수 있는 최선의 질문들 중 하나는 바로 다음과 같다. '이 사건으로 인해 무엇이 가능해졌을까?' 차이가 보이는가? 이 질문 하나로 당신의 관심은 과거—당신이 과거에 대해 할 수 있는 일은 아무것도 없다—에서 미래로 바뀌었다. 내 경우 부러진 발목은 몇 가지 긍정적인 이익을 가져다 주었다. 그중 하나가 전부터 원했던 휴식이었다.

어떤 사건이 닥치든 간에 중요한 것은 바로 이것이다. 당신이 당신에게 일어날 일을 항상 선택할 수 있는 것은 아니다. 사고와 비극은 나의 의지와 상관없이 그냥 일어난다. 당신이 할 수 있는 일은 이러한 상황에 어떻게 반응할 것인가이다. 부정적인 반응을 바꿀 수 있는 가장 좋은 방법들 중 하나는 스스로에게 올바른 질문을 던지는 것이다.

강력한 질문 세 가지

마찬가지로 당신이 인생 계획서를 작성할 때도 어떤 질문을 하느냐가 중요하다. 인생 계획서는 세 가지 강력한 질문에 대한 대답이나 다름없다. 그 질문들을 한 번에 하나씩 살펴보자.

질문 1 나는 어떻게 기억되고 싶은가?

뭔가를 계획할 때 출발점으로 삼기 가장 좋은 곳은 사실 끝나는 지점이다. 당신은 어떤 결과를 원하는가? 당신은 이야기가 어떻게 끝나기를 바라는가? 당신이 세상을 떠났을 때 어떻게 기억되고 싶은가? 유산遺産에 대해서는 제4장에서 자세하게 다룰 것이다. 지금은 이것이 혁명적인 질문이라는 것만 알면 된다. 가장 공을 들여 생각해봐야 할 질문이자 가장 깊은 성찰이 필요한 질문이다.

질문 2 가장 중요한 것은 무엇인가?

아마도 당신은 스스로에게 이런 질문을 허락해본 적이 없을 것이다. 당신은 부모님에게 무엇이 가장 중요한지 알고 있다. 배우자에게 무엇이 가장 중요한지도 알고 있다. 그리고 확신하건대 상사에게 가장 중요한 것이 무엇인지도 알고 있다. 하지만 정작 당신에게 중요한 것은 무엇인가? 당신의 인생에서 가장 중요한 것은 무엇인가? 이것은 우선순위를 묻는 질문이다. 다른 누구도 당신의 우선순위를 정해줄 수는 없다. 그것은 당신이 직접 정하고 책임져야 할 일이다. 우선순위에 관해서는 제5장에서 더 자세하게 이야기할 것이다.

질문 3 어떻게 하면 내가 원하는 목표에 도달할 수 있을까?

　삶을 개선하고 잠재력을 실현하고자 한다면 당신이 지금 어디에 있는지부터 파악해야 한다. 또한 당신이 어디에 도달하고 싶은지, 당신이 그곳에 어떻게 도달할 수 있을지 생각해봐야 한다. 인생의 경로를 그리는 것에 대해서는 제6장에서 논의할 것이다. 지금은 전체적인 틀만 이해하면 된다.

당신의 인생을 위한 GPS

　우리는 길을 찾아주는 GPS 앱과 인생 계획을 비교하면서 이야기를 시작했다. 그것은 세 번째 질문과 관련해서 꽤 훌륭한 비유였다. 세 번째 질문은 당신이 지금 있는 곳에서 원하는 곳으로 가는 방법에 관한 것이다.

　모든 비유는 어느 순간 무너지게 돼 있다. 그러나 GPS에 대한 비유는 인생 계획서가 당신에게 어떻게 작용할 수 있는지 완벽하게 설명한다.

GPS는 당신에게 목적지 입력을 요구한다. 당신이 가고 싶은 곳을 결정하기 전에는 GPS가 작동하지 않는다. 인생 계획서도 마찬가지다. 인생 계획서를 만들 때는 당신이 삶의 주요 영역들 각각으로부터 어떤 결과를 이끌어내고 싶은지 먼저 결정해야 한다. 이것이 인생 계획의 첫 번째 단계이다.

GPS를 이용하면 당신은 목적지에 보다 빠르게 그리고 보다 수월하게 도착할 수 있다. 우리 둘 다 방향을 잡는 데 큰 어려움을 겪었다. 누구나 기술적인 도움이 없으면 금방 길을 잃게 된다. 길을 직접 찾아 헤맨다면 스트레스를 받겠지만, 아이폰의 내비게이션 시스템을 이용하면 그런 불편 없이 길을 찾을 수 있다. 인생 계획서도 마찬가지의 역할을 한다.

GPS는 당신이 얼마만큼 갔는지를 지속적으로 알려준다. 당신이 무슨 길 위에 있는지, 다음 갈림길까지 얼마나 더 가야 하는지, 최종 목적지까지 얼마나 남았는지를 항상 확인할 수 있다. 인생 계획서도 마찬가지다. 인생 계획서는 당신이 도달하고자 하는 곳을 기준으로 당신이 지금 어디에 있는지를 확인하게 해준다. 인생 계획서는 맥락을 그려주고 목표에 대한 지향성을 유지하게 도와준다.

GPS는 길을 잃었을 때 다시 길을 찾게 도와준다. GPS를 사용하고도 때로 길을 잘못 들 때가 있다. 그렇다고 해서 GPS는 당신을 야단치거나 하지는 않는다. GPS는 그저 다시 길을 찾는 법을 말해줄 뿐이다. 인생 계획서도 똑같다. 인생 계획서는 일종의 기준점 역할을 하기 때문에 당신은 인생 계획서를 기준으로 해서 다시 길을 찾을 수 있다.

 GPS는 장애물을 돌아가는 경로를 다시 찾아준다. 목적지를 향해 가다보면 불가피하게 장애물을 만나게 돼 있다. 좋은 GPS는 변화하는 상황에 맞추어 경로를 다시 계산할 수 있다. 인생 계획서도 이와 다르지 않다. 인생 계획서는 우리가 장애물을 극복할 수 있는 유연함을 발휘하게 하며 계속 앞으로 나아가게 도와준다.

 GPS가 항상 정확한 것은 아니다. 이것은 그리 놀랍지 않은 사실이다. 지도 데이터베이스가 그 모든 변화를 따라잡기란 매우 어려운 일이다. 새로운 길이 들어서기도 하고, 원래 있던 길이 봉쇄되기도 하며, 교통사고가 일어나기도 한다. 인생 계획서도 비슷하다. 인생 계획서도 항상 올바르게 만들어지는 것은 아니다. 당신은 실제로 부딪히는 현실에 적응해나가야 한다. 인생 계획서는 적응에 필요한 틀을 제공한다.

 GPS는 투자를 필요로 한다. 차를 렌트해보았는가? 혹시 그때 추가로 돈을 내고 내비게이션 시스템을 함께 빌려보았는가? 몇 가지 앱은 무료로 사용이 가능하지만 GPS에는 투자를 좀 해도 돈이 전혀 아깝지가 않다. 인생 계획서도 비슷하다. 인생 계획서는 당신의 시간을 선불로 요구하며 정기적인 검토가 필요하다. 그렇지만 끝에 가서는 수고를 들인 만큼 충분히 보상을 받고도 남을 것이다.

단순한 종잇조각이 아니라 평생의 실천이다

위에서 말한 것처럼 인생 계획서를 처음 쓸 때가 가장 어렵다. 그렇지만 시간이 지날수록 점점 쉬워진다. 인생 계획서란 한 번 작성한 뒤엔 서랍에 넣어두고 다시 열어보지 않을 종잇조각이 아니다. 문서 하나를 작성하고는 다시 '평상시처럼' 돌아가는 것으로 끝나서는 안 된다.

인생 계획서의 진정한 가치는 지속적인 개선에 있다. 인생 계획서는 남은 평생 동안 함께하게 될 삶의 일부이다. 인생 계획은 하나의 생활 방식이 될 것이다.

제3장
인생 계획서가 주는 혜택

목적이 없는 인간은 키가 없는 배와 같다.

_ **토머스 칼라일** Thomas Carlyle

지난 20년간 나^{대니얼}와 우리 팀은 전 세계를 돌며 최고의 경영 전문가들과 지도자들을 코치해왔다. 대부분은 사업 계획을 작성하는 데 익숙한 사람들이었고 자신의 재정 문제에 대한 계획도 갖고 있었다. 하지만 빌딩 챔피언스를 찾은 사람들 중에 자신의 인생을 위한 계획을 세운 사람은 거의 없었다.

앞서 말했듯이 대부분의 사람들은 인생의 주요 영역들 각각의 목표를 찾는 데 시간을 투자하기보다 한 주짜리 휴가를 계획하는 데 더 많은 시간을 들인다. 인생은 우리가 원하는 방향으로 흘러가지 않는다는 사실이 너무 놀랍지 않은가?

바로 이 때문에 우리는 모든 사람, 특히 지도자들이 시간을 내서 인생 계획서를 만들어야 한다고 생각한다. 셀프 리더십은 항상 팀 리더십에 선행한다. 그리고 인생 계획서는 당신 자신을 가장 잘 인도해줄 수 있는 최고로 강력한 도구가 될 수 있다. 당신이 인생 계획서를 만들었을 때 얻을 수 있는 혜택은 적어도 여섯 가지이다.

혜택 1 우선순위가 명확해진다

2009년 2월이 되자 먼젓번에 계단을 구르고, 커피를 쏟고, 발목 보호대를 착용하고 재활했던 사건도 모두 까마득한 옛날 일이 되었다. 나^{마이클}는 토머스 넬슨 출판사의 CEO가 되었다. 회사는 대침체^{the Great Recession: 2009년 서브프라임 사태 이후 미국과 전 세계가 겪고 있는 경제 침체 상황을 1930년대 대공황에 빗대어 일컫는 말}의 영향을 정면으로 받고 있었다. 특히나 출판 산업은 소비자의 주머니 사정에 대한 의존도가 높기 때문에 엄청난 타격을 받았다. 출판업자들, 인쇄업자들, 서점들 모두 죽을 맛이었다. 매출이 거의 20% 가까이 감소했다. 회사는 벌써 두 차례의 구조조정을 거친 후였다. 전체 직원 4분의 1가량을 내보냈다. 참으로 힘들고 어두운 시기였다. 매일이 전쟁이었다.

넬슨의 소유주들은 지금의 침체를 야기한 부동산 시장의 거품이 절정에 달했던 시기에 회사를 샀다. 설상가상으로 그들은 슬럼프를 전혀 예상하지 못했다. 그것은 우리도 생각지 못했던 일이었고 직원들도 마찬가지였다. 금융 전문가들은 "그래프의 곡선이 계속해서 오른쪽 위로 올라갈 것"이라고 말했다. 모두가 순진하게 매출과 이윤이 계속해서 성장할 것이라고 믿었던 것이다. 결국 회사는 부채약정_{정기적으로 일정액의 돈을 주겠다는 계약 조건}을 충족시키기 위해 애써야 했다.

우리 팀과 나는 엄청난 압박에 시달렸다. 매일 동시다발적으로 새로운 문제들이 생겨났다. 경제가 언제 좋아질지 전혀 감조차 잡을 수 없었다. 우리는 능력이 닿는 범위에서 상황을 통제했고, 가능한 한 창조적인 해결책을 내기 위해 노력했다. 그래 봤자 소비자들은 책을 살 여유가 없었다. 그렇게 지지부진한 상태로 몇 달이 흘렀다. 경영진은 좌절했고 점점 희망을 잃어갔다.

사실 나에게는 휴식이 필요했다. 끊임없는 긴장 상태로 인해 몸도 마음도 매우 지쳐 있었다. 업무에서 벗어나고 싶었다. 아내 게일과 시간을 보내고 삶의 균형을 되찾아야 했다. 잠깐 쉬는 게 큰일 날 일은 아니니까. 계속 지금과 같은 속도로 간다는 건 불가능했다. 고맙게도 몇몇 친구들이 콜로라도 쪽의 로키산맥 깊숙이에 자리한 오두막을 빌려주었다. 한적함이야말로 나에게는 완벽한 처방일 것 같았다. 게일과 나는 짐을 꾸려 비행기를 타고 한 주 정도 휴가를 떠났다.

 나는 콜로라도 스프링스Colorado Springs에 도착하면 오두막으로 향하기 전에 모든 전자기기의 전원을 끌 계획이었다. 하지만 비행기를 경유하기 위해 댈러스Dallas에 잠시 내렸을 때 나도 모르게 핸드폰 전원을 켜고 이메일을 확인하기 시작했다. 그러자 토머스 넬슨을 소유한 사모 회사의 한 파트너, 즉 나의 상사가 보낸 이메일이 바로 화면에 떴다. 그는 물었다. "왜 하필이면 이런 때입니까?"

 이메일에는 그가 월요일에 동료들과 함께 회사를 방문하겠다는 내용이 쓰여 있었다. 가슴이 철렁했다. 즉시, 게일에게 이메일을 보여줬다. 그녀는 여행을 취소하고 집으로 돌아가는 게 어떻겠느냐고 물었다. 아내는 회사에 닥친 절체절명의 위기를 이해했다.

 두 개의 선택지가 우선순위를 놓고 다투는 상황이 되었다. 인생 계획서가 바로 그 어려운 순간에 필요했던 명확성을 선물했다. 일은 내 인생의 전부가 아니었다. 그것은 단지 하나의 영역에 지나지 않았다. 물론 중요한 것이기는 했지만 다른 모든 것들을 희생할 만큼 중요한 것은 아니었다. 특히 일에 우선권을 줌으로써 일이 다른 모든 것을 침식하도록 내버려둘 수는 없었다.

답은 명확했다. 나는 상사에게 전화했다. "죄송합니다. 하지만 저는 비행기를 타고 이제 막 댈러스에 도착한 참입니다. 저에게는 휴식이 절실히 필요합니다. 게일과 함께 한 주간 산속에서 쉬다 오려고 합니다. 다른 날에 방문하시도록 일정을 잡아보겠습니다." 그것은 결코 쉬운 결정이 아니었다. 하지만 나는 깊은 고민 끝에 결정을 내렸다. 물론 상사는 불쾌해했다. 하지만 당시 나에게 무엇이 필요한지는 내가 잘 알았다. 인생 계획서는 내게 필요한 방향과 틀을 제시해주었고 나는 상사에게 전화를 걸 수 있었다.

우리는 그동안 코치한 사람들로부터 비슷한 이야기를 반복적으로 들었다. "저는 전보다 자신감이 더 생겼습니다. 인생 계획서를 만들기 전에는 너무 지나치게 모든 것을 분석하려고 하거나 내 결정을 뒤늦게 비판하기만 했어요." 물론 인생 계획서를 작성한 이후 그가 새롭게 세운 우선순위들이 습관으로 자연스럽게 자리 잡는 데까지는 오랜 시간이 걸렸다. 하지만 이제 그는 이렇게 말한다.

"결정이 자연스럽게 내려집니다."
우리는 당신도 인생 계획서를 통해 같은 효과를 볼 것이라고 확신한다. 인생 계획서는 당신이 우선순위를 정할 수 있게 도와주고 어떻게 하면 각각의 우선순위 사이에 조화를 가져올 수 있는지를 알려준다.

혜택 2 균형을 유지하게 해준다

나^{대니얼}는 스물세 살이 되기 몇 주 전, 나의 첫 번째 팀을 꾸리고 이끌 기회를 갖게 되었다. 내 인생의 새로운 장이 시작된 그때, 나는 결혼한 지 갓 1개월 된 새신랑이기도 했다. 당시에 해내야 했던 팀장으로서의 역할과 책임이 그렇게 대단한 것은 아니었다. 내 전략은 팀 내에서 가장 열심히 일하는 직원이 되는 것이었다. 나는 더 성공하길 원하는 사람들을 찾아내, 그들이 자신의 목표 달성에 필요한 조치와 시스템, 지식을 구체화할 수 있게 도왔다.

이때가 바로 코치로서의 리더십을 계발한 때였다. 덕분에 8년 후에 빌딩 챔피언스라는 회사를 시작하게 되었다. 마음 같아서는 내가 그렇게 많은 희생을 치르지 않고도 뛰어난 전략을 창안해낼 수 있을 정도로 똑똑했다면 얼마나 좋았을까 싶지만 그렇지는 않았다. 내가 할 수 있는 일은 그저 다른 팀원들의 생산량을 능가하는 것^{또는 '본보기를 보여주는 것'}, 우수한 인재를 모집하고, 계발시키고, 지원하는 것이었다. 그러다 보니 하루 24시간으로도 시간이 모자랐다. 나는 내가 행하는 서비스 수준과 유용성에 자신이 있었고, 호출기는 전 세계에서 보낸 메시지로 연중무휴 24시간 울렸다.

이 시기에 로스앤젤레스의 한 멋진 식당에서 아내와 함께 저녁 식사를 했던 날이 지금도 떠오른다. 그때 내 호출기는 끊임없이 울려댔다. 그것도 모자라 식사를 하다 말고 공중전화를 찾기 위해 자리에서 일어났다. 그리고 나를 호출한 모든 사람에게 전화를 걸었다. 로맨틱한 저녁 식사를 완전히 망쳐버렸다! 당시 나는 균형을 완전히 잃은 상태였고 뭔가 변화가 필요하다는 사실을 느꼈다.

많은 사람이 나와 비슷한 경험을 갖고 있다. 예를 들면 어떤 이들은 무리한 일정을 소화하면서까지 건강을 희생한다. 이들은 너무 바쁘다 보니 규칙적으로 운동을 할 시간이 없다. 그들은 시간을 절약하기 위해 패스트푸드를 먹고 살이 찐다. 그런 식으로 건강에 심각한 적신호가 켜질 때까지 달리고 달린다. 또 어떤 사람들은 일이나 취미, 자원 봉사 활동을 위해 결혼 생활과 자녀들을 희생한다.

물론 갑자기 한 번에 그런 사람이 되는 것은 아니다. 그것은 점진적으로 진행된다. 얼마 안 가 우리는 비틀거리다가 결국 균형을 잃고 넘어진다. 때로는 일어설 수 없을 정도로.

반드시 성공해야겠다는 마음이 컸던 나는 모든 에너지를 일에 털어 넣었다. 성공하려면 이렇게 해야 한다는 거짓말을 믿었다. 내 머릿속에는 더 많은 존경과 더 높은 직위, 더 많은 부를 얻어야 한다는 생각뿐이었다. 하지만 내가 설정한 경계나 결정을 바꾸지 않는다면 나의 건강은 물론 결혼 생활과 다른 많은 것이 고통을 당할 게 분명했다. 나에게는 인생을 위한 견고한 계획이 필요했다. 일이나 경제적인 영역뿐만 아니라 다른 여러 영역마다 내가 어떻게 하면 그 영역에서 성공할 수 있는지를 명확하게 밝혀줄 수 있는 계획이어야 했다.

균형이란 인생의 각 영역에 똑같은 양의 자원을 분배하는 것이 아니라는 점을 밝혀두고 싶다. 사람들이 가끔 균형이란 말을 직장과 나머지 생활 간의 균형이라는 의미로 사용할 때가 있다. 일과 나머지 생활에 자원을 균등하게 투자한다는 식이다. 하지만 그것은 우리가 말하는 균형이 아니다.

인생의 모든 영역에 관심을 균등하게 투자하는 것이 균형이라고 생각하면 오산이다. 균형은 역동적인 긴장감 속에서만 발생한다. 균형은 인생의 여러 영역 각각에 적절한 관심을 보이는 것이다. 따라서 어떤 영역에는 더 많은 시간, 어떤 영역에는 더 적은 시간이 투자될 수 있다. 하지만 각각의 영역은 모두 의도한 결과를 이루는 데 필요한 자원과 관심을 받게 될 것이다.

우리는 지난 30년 동안 팀을 이끌어온 사람으로서, 또 쉴 새 없이 일하는 성공적인 경영 지도자들을 코치하는 일을 20년 동안 해온 사람으로서, 우리 자신의 삶을 어떻게 이끄느냐가 주변 사람들을 이끄는 일에 영향을 미친다는 사실을 알고 있다. 그래서, 셀프 리더십이 항상 팀 리더십보다 우선되어야 한다. 우리는 하나 혹은 두 영역만이 아닌 모든 주요 계정들에 축적되는 순자산에 균형적으로 접근해야 한다. 궁극적으로 우리는 이를 통해 가장 큰 차이를 만들어낼 수 있으며 우리 주변의 사람들에게 가장 큰 가치를 선물할 수 있다. 또한 인생의 다른 영역들을 희생하지 않고도 직장에서 성장할 수 있게 된다. 인생 계획은 우리가 삶의 균형을 찾고, 유지할 수 있게 해준다.

혜택 3 기회가 아닌 것을 걸러낸다

우리는 성인이 되면 앞다투어 기회를 좇기 시작한다. 당신은 '만약 내가 이 회사나 저 기관에서 일할 수만 있다면'하고 생각할 것이다. 이미 일을 하고 있는 경우라면 '만약 내가 이런저런 프로젝트에 참여할 수만 있으면……'하고 생각한다. 사회 초년생일 때는 기회가 별로 없는 것처럼 보이거나 아니면 너무 멀리 있는 것처럼 보인다.

하지만 당신이 나이가 좀 더 들거나 일처리에 능숙해지면 기회가 기하급수적으로 증가한다. 당신은 감당할 수 있는 것보다 더 많은 프로젝트들을 의뢰받게 된다. 직장 바깥에서의 기회도 엄청나게 많아진다. 사회 활동, 봉사 활동, 시민으로서의 의무 등등. 당신의 시간을 투자할 만한 가치가 있는 좋은 기회들이 정말로 많이 생긴다.

그중에는 당신의 가족도 있다. 당신은 배우자와 시간을 보내고 싶어 하고, 배우자도 당신과 시간을 보내고자 한다. 이것은 전혀 비현실적인 기대가 아니다. 함께 시간을 보내는 것이 결혼 생활에 얼마나 중요한지는 당신도 잘 알 것이다. 그리고 또 당신의 배우자는 '여보, 이것 좀…….' 하면서 뭔가를 부탁해온다. 이러한 부탁은 점점 많아질 것이다. 당신이 뭔가를 고칠 때마다 또 고쳐야 될 물건이 배로 늘어난다. 여기서 당신에게 자녀까지 있다면? 기회와 활동은 기하급수적으로 늘어난다. 아이들도 당신 못지않게 바쁘다. 하지만 그것보다는 당신이 아이들의 학교, 축구 연습, 피아노 수업, 생일 파티를 오가는 택시 기사 같다는 생각이 먼저 들 것이다.

어쩌다 기회가 이렇게 순식간에 늘어난 것일까? 당신은 기회의 홍수 속에 산다. 언제 수락하고 언제 거절해야 할지 명확하게 구별할 수 있는 방법이 없다. 인생 계획서는 기회가 아닌 것들을 걸러낼 수 있게 도와주며 가장 중요한 것에 집중할 수 있게 해준다.

첫 번째 인생 계획서를 쓰기 1년 전에 내^{마이클} 주변은 정신이 없었다. 업무 압박이 엄청났다. 한편 집에는 아내 게일과 다섯 명의 딸이 있었다. 가장 어린 딸이 열두 살, 가장 큰 딸이 스물두 살이었다. 딸들이 다니는 학교만 해도 네 군데였다. 둘은 대학에 다녔고, 둘은 고등학교에 다녔으며, 막내는 중학교에 다녔다. 게다가 아이들은 집에 있을 때도 축구, 농구, 기타 수업, 학교 과제 등을 하며 가만히 있는 법이 없었다. 열차 사고가 나기 직전의 상황이 어떤지 궁금한 사람이 있다면 당시 나의 일상을 보면 된다.

하지만 인생 계획서를 한 번 만들고 나자 그것은 나의 우선순위를 다시 세우고, 삶을 재조직하고, 활동을 축소하는 데 필요한 필터가 되어주었다. 물론 하룻밤에 그렇게 된 것은 아니지만, 그 즉시 명확함이 생겼다. 덕분에 용기를 얻었다. 더 이상 기회에 끌려 다니지 않고 내가 기회를 관리할 수 있게 되었다. 마침내 정말로 중요한 기회만 접수하고 다른 부차적인 것들은 넘길 수 있게 되었다.

혜택 4 현실을 직시하게 한다

1991년에 사업 파트너와 나마이클는 재정적인 멜트다운meltdown: 원자로의 노심이 녹아내리는 현상으로 비상사태를 뜻함을 겪었다. 우리는 독립된 출판사를 세워 성공시켰다. 하지만 우리의 성장은 유동 자산을 능가했다. 한동안은 출판 유통업자에게 선불금을 받아 부족한 현금을 메꿨다. 하지만 그들의 모회사는 그 선불금을 곧장 돌려받고자 했다. 우리가 공식적으로 파산 선고를 받은 것은 아니었지만 유통업자는 담보권을 행사했고, 모든 자산을 차지했다. 파산한 거나 마찬가지였다.

힘든 시기였다. 혼란스러웠고, 좌절했고, 화가 났다. 처음에 나는 유통업자를 비난했다. '그들이 우리에게 약속한 만큼 책을 더 많이 팔기만 했어도 이런 일이 일어나지 않았을 텐데. 다 그들 잘못이야.' 내가 어떤 깨달음을 얻고 책임을 통감하겠다고 결심하기 전까지는 계속 남 탓만 했다. 믿기 어려울 정도로 힘들고 초라했지만 그 시기를 통해 내 인생을 바꿔준 중요한 교훈을 얻었다. 그때 얻은 교훈이 지금의 나를 있게 했다.

지금 서 있는 곳에서 시작하지 않으면 아무 데도 갈 수 없다. 안타깝게도 현대 사회는 힘든 상황을 잠시 잊기 위한, 끝없는 기분 전환 거리들을 제공하는 듯하다. 게다가 대부분의 대중문화는 우리가 이런 상황에 처하게 된 것이 다른 사람 때문이라고 말한다.

사실대로 말하자면 상황을 직시하지 않고 그것을 자신의 문제로 받아들이지 않으면 우리는 성장할 수 없다. 우리가 건강, 결혼, 양육, 경력, 돈 등의 영역에서 맞닥뜨리는 문제들은 마법처럼 한순간에 사라지는 것이 아니다. 문제를 직시해야 하며 그것을 해결해야 한다. 이것을 강제하는 외부의 도움이나 과정이 없으면 시작하기가 어려울 수 있다.

인생 계획서를 작성하면 우리가 처한 현실을 파악하고 문제를 다룰 수 있게 된다. 이는 어디까지나 잘못을 비난하기 위함이 아니라, 우리가 현실을 변화시키는 계획을 개발하고 원하는 삶을 쟁취하기 위함이다.

혜택 5 미래를 구상하게 한다

론^{Ron}과 바브^{Barb}는 결혼 20년 차 부부이다. 그들의 결혼 생활은 나쁘지 않았다. 그렇다고 썩 훌륭하다고 할 수 있는 것도 아니었다. 그들은 각자에게 편안한 방식으로 공생하는 관계를 유지했다. 두 사람은 그들 나름대로 각자의 삶이 있었다.

론은 자신이 출구 없는 삶에 갇혀 있다는 생각에 멘토링 모임을 찾았다. 모임의 진행자는 인생 계획이라는 개념을 그에게 소개시켜줬다. 론은 그동안 무미건조한 결혼 생활을 해왔다는 사실을 처음으로 인정했다. 보다 중요한 점은 인생 계획을 통해 그가 다른 미래를 구상할 기회를 얻게 되었다는 것이다. '나는 아내와 어떤 관계로 지내고 싶은 걸까? 어떤 식의 관계가 가능할까?' 론이 질문했다. 인생 계획 과정은 하나의 간극을 만들어냈다. 그것은 성장에 필요한 무언가를 론에게 요구했다. 론은 현상 유지 수준에 만족하지 않았고 지금은 보다 나은 결혼 생활을 위해 조금씩 성장해나가고 있다.

미래에 시선을 고정시키는 것이야말로 충만한 하루를 만들어가는 데 가장 중요하다. 당신은 현재 자신의 모습을 인정해야 할 필요가 있다. 하지만 또한 당신이 어떤 사람이 되고 싶은지를 명확하게 알아야 할 필요도 있다. 당신은 인생의 주요한 영역들 각각에서 어떤 것을 이루고 싶은가? 당신이 생각하는, 각 영역들의 이상적인 상태는 어떤 모습인가?

몇 년 전, 나에게 상담을 받은 고객 몇 명이 나^{대니얼}와 아내를 몰디브로 보내주었다. 몰디브는 서퍼라면 누구나 죽기 전에 한 번쯤 가보고 싶어 하는 곳이다. 몰디브에 있는 동안 나는 두 명의 서핑 코치와 함께했다. 그들은 내가 서핑하는 모습을 사진으로 찍어주었다. 어떤 사진에서는 내 모습이 엉성하고 무기력해 보이는데 반해, 다른 사진에서는 훨씬 훌륭한 자세를 취하고 있었다. 그 차이는 내가 어디를 보고 있는지에 달려 있었다. 나는 30년 동안이나 서핑을 해오긴 했지만 그때 찍은 사진들을 보고 내가 초보자들이나 하는 실수를 했다는 걸 알았다. 목표물에서 눈을 떼고 있을 때의 내 자세는 형편이 없었다. 몸은 시선이 향하는 방향으로 따라가기 때문이다. 대부분의 초보자들은 자신의 발만 쳐다보기 때문에 거꾸러진다.

사진을 통해 얻은 교훈은 단순하다. 당신이 어디에 초점을 맞추느냐에 따라 결과가 달라진다. 우리가 바라보는 미래의 모습이 지금 우리의 행동에 영향을 미친다. 우리가 사는 모습과 삶을 이끌어나가는 방식은 우리가 무엇을 보고 있는지와 직결되어 있다. 중요한 것은 당신의 시선을 계속 잡아끄는 매혹적인 미래를 구상하는 것이다. 이것을 견인력$^{pull\ power}$이라고 부른다.

목표가 당신을 이끌어야 한다. 나는 미래를 떠올릴 때면 일흔다섯 살이 된 나와 아내 셰리가 아직도 서로에게 가장 가까운 친구이자 최고의 친구로 보내는 모습을 상상한다. 우리는 다른 누구보다 서로와 시간을 보낼 때 가장 편하며, 여전히 서로에게 자극을 주며 함께 즐기고 함께 누린다. 견인력은 목표 도달에 반드시 필요하다. 당신은 미래를 분명하게 보고 간절하게 원해야 한다. 목표를 달성하기 위해서라면 어떤 어려움도 뚫고 나가겠다는 의지를 가져야 한다.

인생 계획서는 보다 나은 미래, 나를 사로잡는 미래를 구상하는 도구가 되어줄 것이다. 당신은 당신의 상상력을 사용하여 보다 나은 미래를 창조하는 기회를 가질 수 있다. 우리는 목표와의 간극을 보게 될 것이다. 때문에 우리를 앞으로 나아가게 하는 계획과 습관을 만들어야 한다. 많은 사람들이 나를 변화시키려 하기보다는 현재의 모습에 안주하며 산다. 우리는 바꿀 수 있는 것이 아무것도 없다며 스스로를 설득한다. 하지만 변화할 수 있다. 우리가 꿈꿀 수 있는 기회를 스스로에게 허락하기만 한다면 말이다. 어떤 미래가 당신을 움직이게 하는가?

혜택 6 후회하지 않는 삶을 선물한다

마지막으로, 인생 계획서는 후회 없이 생을 마감하게 해준다. 많은 사람들이 가고자 했던 경로에서 너무 쉽게 벗어난다. 즉 우리는 표류한다. 표류는 계획 없이 살 때 발생한다.

몇 년 전, 한 친구가 바람을 피웠다. 그가 어느 날 아침 누운 채로 "있잖아, 나 오늘 바람피울 거야"라고 말했을까? 아니, 그것보다는 훨씬 더 점진적으로, 자신도 모르는 사이에 일이 벌어졌다. 그는 물속으로 끌려 들어갔다. 그가 숨을 쉬려고 얼굴을 물 밖으로 내밀 때면 눈앞에 엉망진창이 된 자신의 모습이 보였다. 그의 아내는 이혼을 요구했다. 성인이 된 자녀들은 그와 대화조차 하지 않으려 했다. 그 많던 친구들도 한 명 두 명 그를 떠났다.

최악은 그가 자신의 행동에 책임지지 않으려 했다는 점이다. 적어도 겉으로 보기에는 그랬다. 그는 나쁜 선택을 하게 된 원인을 남의 탓으로 돌리며, 그럴듯한 이야기를 만들어냈다. 즉 그의 아내가 그에게 충분히 관심을 쏟지 않았다는 것이다. 일은 지루했고 뭔가 기분 전환이 필요했다. 그가 어릴 때 받은 종교적인 양육 방식은 옳고 그름이라는 잣대로만 그를 평가하려 했고, 반항 직전의 상황이 될 때까지 그를 밀어붙였다. 그는 스스로를 어떻게 할 수가 없었다. 그에게는 자신을 휩쓴 조류에 맞서 헤엄치려는 의지도 그럴 능력도 없었다. 안타깝게도 그는 자신이 한 번도 상상조차 해본 적 없는 낯선 곳으로 떠밀려갔다.

우리가 꼭 엄청난 비극만을 경계해야 하는 것은 아니다. 상담 고객 중에 개럿Garrett이라는 사람이 있었다. 그는 회사의 임원으로 승진하고 싶어 했다. 하지만 문제가 하나 있었다. 사내 문화가 끔찍했다. 그는 회사에 남아서 분위기를 바꿔볼 수 있지 않을까 하고 생각했다. 하지만 곧 깨달았다. 그렇게 된다면 그의 처지만 구질구질해질 것이고 다른 삶의 영역들에도 그 영향이 미칠 것이라는 사실을 말이다. 그는 가족이 너무 중요했기에 그렇게 되는 것을 지켜볼 수가 없었다. 그래서 회사를 떠났다. 후회는 없었다. 결정의 순간에 인생 계획서가 그의 중심을 잡아주었다. 중요한 것은 가족이지 다른 사람의 회사를 뜯어고치는 것이 아니었다. 그렇지만 만약 그 간단한 사실을 보지 못했다면 어떤 일이 일어났을까? 그와 가족들은 힘들었을 것이고 그는 엄청나게 후회했을 것이다.

삶은 대개 바람대로 되지 않는다. 우리는 실망하고, 혼란스러워하고, 낙담한다. 하지만 꼭 이런 식의 삶이어야 할 필요는 없다. 당신이 모든 것을 통제할 수 있는 것은 아니지만 당신이 생각한 것보다는 더 많은 것을 통제할 수 있다. 당신은 계획을 갖고 인생을 꾸려갈 수 있다. 계획은 당신이 정한 목적지에 도달할 수 있는 가능성을 극적으로 높여줄 것이다. 당신은 후회 없이 인생을 마무리할 수 있다. 인생 계획서는 성공에 대한 보험이 되어준다.

'왜'라는 질문을 잊을 때 표류가 찾아온다

'왜'라는 질문을 잊어버릴 때 사람들은 길을 잃는다. 인생 계획서를 만드는 이유는 사람마다 제각각 다르다. 하지만 중요한 것은 당신만의 이유를 갖는 것이다. 인생 계획서를 만듦으로써 당신은 어떤 이익을 얻고자 하는가?

처음부터 이 질문에 명확한 대답을 갖고 있으면 계획을 만들고 그것을 충실히 지켜나갈 가능성이 커진다. 무엇보다도 실제로 계획대로 살게 될 가능성이 커진다. 그리고 결국은 바로 그것이 우리가 진정으로 원하는 바다. 다음 장에서는 인생 계획을 시작하는 방법을 보여줄 것이다.

제2부

인생 계획서를 만들어라

단 하루에 완성하는
균형 있는 삶과 일을 위한 플랜

제4장
인생의 끝을 설계하라

외부의 기대, 자만, 창피를 당하거나 실패할지도 모른다는 두려움……
죽음이 닥치면 이것들은 모두 사라지고 진정으로 중요한 것만 남는다.

_ 스티브 잡스 Steve Jobs

나^{대니얼}의 친구 마이크^{Mike}는 균형 잡힌 몸에 똑똑한 데다 유머까지 갖췄다. 그는 내가 아는 사람 중에 짓궂은 장난을 가장 잘하는 친구였다. 암도 그의 유머 감각을 빼앗지는 못했다.

마이크가 암에 걸렸다는 소식은 모두를 충격에 빠뜨렸다. 그가 한창 투병 중이던 때에 우리는 함께 점심을 먹었다. 마이크는 암에 걸린 이후 시간이 가는 것이 피부로 다가온다고 말했다. 그는 아내인 개비^{Gabby}를 비롯해서 자신에게 중요한 사람들과 더 많은 시간을 보내지 못한 것을 후회했다. 그는 말했다. "우리는 모두 죽어. 전에는 그저 그 사실을 지금만큼 뚜렷하게 인식하지 못했던 것뿐이지." 그는 많은 시간을 쓸모없는 곳에 낭비했다고 생각했다.

몇 달 후 개비로부터 전화가 왔다. 치료에도 불구하고 암이 마이크의 뇌에까지 퍼졌다고 했다. 나는 다음 날 병원에 있는 마이크를 보기 위해 비행기에 올랐다. 그날은 그의 서른여덟 번째 생일 바로 다음 날이었다.

나는 마이크의 모습에 대해 전해 듣지 못한 채로 병실에 들어섰다. 침대에 누워 있는 마이크의 몸에는 온갖 전선과 관이 뒤얽혀 있었다. 마치 그의 그림자가 누워 있는 것 같았다. 그를 괴롭히는 암 때문에 그의 몸이 수척했다. 그가 눈을 떴다. "너 여기서 뭐 해? 일 때문에 온 거야? 아님 서핑? 아님 뭐야?"
"그냥 네 옆에 있어주려고 왔어." 내가 말했다. 그때 나는 그렇게 강인한 친구가 겁에 질린 모습을 처음 봤다. 나는 그의 눈과 떨리는 손에서 그것을 느낄 수 있었다.

나는 병상으로 다가가 기분이 어떤지 물었다. 그는 눈물을 꾹 누르며 내 손을 잡고 말했다. "좋지 않아. 이건 최악의 악몽이야. 그게 내 머릿속에 있대. 근데 난 준비가 안 됐어."

우리 두 사람은 기도했으며, 가족, 일, 중요한 주제들에 관해 이야기를 나눴다. 마이크는 화를 내지도 않았고 자기 연민에 빠져 있지도 않았다. 그저 싸우고 있었다. 그렇지만 그는 의연한 태도를 보이려 노력했다. 그는 미래가 어떻게 펼쳐질지 모른다는 불확실성과 공포에 지지 않으려 애썼다.

몇 시간 후, 나는 눈물을 참으며 마이크에게 작별 인사를 했다. 마이크가 말했다. "내가 안됐다고 생각할 것 없어. 내가 너보다 더 오래 살 수 있을지도 몰라. 우리가 언제 죽을지는 아무도 모르는 거야." 왠지 모르게 슬픈 진실이었다.

두 시간 후 나는 집으로 가는 비행기에 올랐다. 비행기는 이륙 후 캘리포니아의 해안선을 따라 날아갔다. 나는 태평양 위에 장관을 이룬 일몰이 그날 아침에 보았던 일출과 비슷하다는 생각을 했다. 그전에는 항상 일출과 일몰을 별개의 사건으로만 생각했었다. 하지만 마이크와의 그날 이후, 또 얼마 되지 않아 마이크를 보내면서 나는 일몰이 일출의 일부라는 생각을 하게 되었다.

우리에게 중요한 것은 사이에 일어나는 일이다. 하루 동안에도 그렇고 인생 전체를 통해서도 우리는 사이에 일어나는 일에 집중한다. 문제는 사람들 대부분이 그 순간순간의 활동에 너무 집중한 나머지 '내가 지금 어디로 가고 있는 걸까? 만약 이 길을 계속 따라간다면 어떻게 끝나게 될까?'라는 질문을 할 시간을 스스로에게 허락하지 않는다는 점이다.

당신의 인생이 담긴 비디오를 저 앞으로 돌려서 끝이 어떻게 되는지 살펴보라. 어떻게 하느냐고? 계속 읽어보시라.

끝에서 시작하라

유산에 대해 생각할 때는 끝에서 시작할 필요가 있다. 이것은 다른 활동에 대해서도 마찬가지다. 예를 들어 가족 휴가를 계획할 때 가장 먼저 해야 할 일은 목적지를 선택하는 것이다. 목적지가 결정되면 다른 모든 것들이 결정된다. 교통수단, 옷차림, 숙박, 활동 등등.
휴가를 계획할 때도 목적지를 정하는 것이 중요한데 인생의 지도를 그릴 때는 두말할 것도 없다. 당신은 어떤 결말을 원하는가?

결말이 모든 것을 결정한다. 당신의 인생에 등장하는 인물들, 그 인물들(당신을 포함한)이 맡은 역할들, 당신이 시작하는 프로젝트들, 당신이 일을 수행하는 방식 등등을 결정한다.

《구약성서》의 〈시편〉에는 다음과 같이 쓰여 있다. "우리에게 우리 날 계수(計數)함을 가르치사 지혜로운 마음을 얻게 하소서."[1] 우리가 균형감을 되찾는 시간을 갖지 않으면, 인생이 짧다는 현실을 직시하지 않으면, 우리는 선택하지 않은 목적지에 도달하게 될 수도 있다. 아니면 적어도 당신이 덜 좋아할 만한 목적지에 도달할 수도 있다.

지난 20년 동안 빌딩 챔피언스의 코치들은 상담 고객들에게 자신을 위한 추도문이 오늘 읽힐 것이라고 상상하게 했다. 그리고 자신의 추도문을 직접 써보게 했다. 이 훈련 과정은 의미 있고 강력한 인생 계획서를 만드는 작업에 사람들을 몰입시켰다. 왜 그럴까? 그것은 머리와 가슴을 함께 참여시키기 때문이다. 우리는 이러한 훈련이 변화를 오래 지속시키는 중요한 역할을 한다는 사실을 알게 되었다.[2] 당신의 장례식이 열리면 가족 중 누군가가 또는 친구들이 당신의 인생에 대해 '좋은 말'을 한 마디씩 하고 추도문을 읽을 것이다. 추도 예배가 끝난 후 이어진 자리에서 사람들의 입에서 말들이 계속 나올 것이다. 사람들은 당신에 대한 이야기를 서로에게 들려줄 것이고, 당신이 그들에게 진정 어떤 의미였는지를 서로 나눌 것이다. 당신이 자신의 장례식에 참석해서 그들의 대화를 들을 수 있다고 상상해보자.

· 당신과 가장 가까운 사람들은 당신의 인생에 대해 무엇을 기억하고 있을까?

- 그들은 서로 어떤 이야기를 나눌까?
- 그 이야기를 듣고 그들은 웃을까? 눈물을 흘릴까? 한숨을 쉴까? 아니면 세 가지 다일까?
- 그들은 당신의 인생이 그들에게 지니는 의미를 어떤 식으로 요약할까?

우리가 보낸 하루하루가 모여 일생이 된다. 그 생의 끝에 당신과 가장 가까운 사람들은 뭐라고 말할까? 그들은 무엇을 기억할까?

그들이 당신의 유산에 대해 어떻게 평가할까? 불리한 것은 당신에게 그것들을 통제할 기회가 주어지지 않는다는 점이다. 당신의 삶이 좋았든, 나빴든, 아님 추했든 간에 당신은 이미 세상을 떠났을 것이다.

좋은 소식은 우리에게 아직 시간이 있다는 것이다. 미래는 가능성들로 가득 차 있다. 당신은 세상을 떠난 후에 사람들이 나눌 대화에 영향을 미칠 수 있다. 당신의 삶은 이제부터 당신이 내릴 선택들에 따라 바뀔 것이고 그에 따라 그들의 대화도 바뀔 것이다.

제2장에서 설명한 것처럼 인생 계획서는 강력한 질문 세 가지에 대한 대답이다. 이제 첫 번째 질문에 대답할 차례이다. '당신은 어떻게 기억되고 싶은가?'

이 질문은 당신이 자신의 유산에 대해 고민하게끔 만들어준다.

그렇다, 당신은 유산을 남길 것이다

우리는 보통 부자나 유명인에 대해 말할 때에만 유산이라는 말을 사용한다. 에이브러햄 링컨Abraham Lincoln은 유산을 남겼다. 코넬리어스 밴더빌트Cornelius Vanderbilt: 해운업과 철도 산업으로 재산을 모은 미국의 사업가이자 자선가도 유산을 남겼다. 그리고 마틴 루서 킹 주니어Martin Luther King Jr.와 마거릿 대처Margaret Thatcher도 역시 유산을 남겼다. 그렇다면 나머지 우리는? 당연히 우리도 유산을 남긴다.

우리의 유산은 살면서 지나온 영적 자본, 지적 자본, 관계적 자본, 직업적 자본, 사회적 자본으로 구성된다. 그것은 당신이 품은 신념, 당신이 실천한 가치, 당신이 표현한 사랑, 당신이 다른 사람들에게 베푼 서비스의 총체이다. 그것은 당신이 세상을 떠날 때 세상에 남기고 가는 당신 모양의 도장이다.

사실 모든 사람은 유산을 만들고 그것을 남기는 과정 어딘가에 있다. 우리는 '나는 유산을 남길 것인가?'가 아니라 '나는 어떤 종류의 유산을 남길 것인가?'라고 물어야 한다. 이 사실을 일찍 깨달으면 깨달을수록 당신이 원하는 유산을 보다 일찍 만들어갈 수 있다. 좋든 싫든 현재의 삶은 나중에 당신이 남길 유산을 계속해서 만들어간다. 당신은 주변에 있는 모든 사람에게 영향을 미친다. 당신은 다른 사람의 인생에 좋은 영향을 미칠 수도 있고 나쁜 영향을 미칠 수도 있다. 다시 말해 당신의 인생은 중요하다. 당신은 어떤 이유로 인해 이 세상에 태어났다. 당신이 해야 할 일은, 세상에 태어난 그 이유를 알아내는 것이다.

좋은 소식은 당신이 당신에게 가장 중요한 사람들의 추억을 함께 만들어갈 수 있다는 것이다. 당신이 선택한 생각, 말, 행동은 영향력을 가진다. 이것에 대해서는 다음 장에서 알아볼 것이다. 일단 여기서는 당신이 만들고자 하는 추억들을 구체화해보자.

우리가 앞서 추천한 것처럼 자신의 장례식을 상상하는 것이 도움이 된다. '세상을 떠났을 때 어떻게 기억되고 싶은가? 당신과 가장 가까운 사람들이 무슨 말을 했으면 하는가?'라고 질문해보자. 이 질문을 건너뛰면 안 된다. 나를 사로잡는, 가장 효과적인 인생 계획서는 계획을 만들고 따르는 과정을 충실히 지켜야 가능하다.

당신의 세포 하나하나까지 모두 이 과정을 통과해야 한다. 마음을 열고 마음이 이끄는 대로 따라가라. 당신은 자신의 진정한 가치들을 포착하고 싶어 한다. 당신은 남은 날들을 세고, 유한성을 직시함으로써 설득력 있고 강력한 방법으로 당신의 정신과 마음을 끌어들일 수 있다.
"이것 덕분에 제가 더 좋은 리더가 된 것 같아요."

인생 계획의 효과가 어떤지 말해달라는 우리의 요청에 자넷[Janet]이 이렇게 말했다. "저는 훨씬 더 자비로워지고 생각이 보다 명료해졌어요." 그녀는 전체 과정에서 이 장례식 훈련이 자신에게 가장 새로운 시야를 열어주었다고 말했다. 그녀는 보다 겸손해졌고 스스로를 잘 알게 되었다. 또한 그녀의 변화가 직장의 경영 문화를 급격하게 변화시켰다.

강렬한 추도사 쓰기

강렬한 추도사를 쓸 수 있는 한 가지 방법은 짧은 유산 진술문을 여러 개 나눠 쓰는 것이다. 유산 진술문에는 당신이 중요한 사람들에게 어떻게 기억되고 싶은지 묘사하면 된다. 아래에 구체적인 방법을 소개한다.

1. 핵심적인 관계를 밝혀라

첫 번째로 할 일은 당신의 장례식에 어떤 집단의 사람들이 참석할지를 밝히는 것이다. 이 상황이 진짜라고 생각하고 현재 살아 있는 모든 사람이 장례식에 올 것이라고 가정하라. 당신보다 나이가 많은 사람도 포함하라. 여기에는 가족, 친구, 직장 동료가 포함된다. 이 사람들 각각에 대해 한 문단씩 쓰라고는 하지 않겠다. 왜냐하면 몇십 명에서 몇백 명 정도 되는 사람들 전부에 대해 쓰는 것은 무리이기 때문이다. 예를 들어 '직장 동료' 정도면 충분하다. 모든 사람의 이름을 열거할 필요는 없다.

가족에 대해서도 마찬가지다. '아이들'이면 된다. 아이들의 이름을 말할 필요는 없다. 아래는 당신의 장례식에 참석할 수 있을 만한 후보들이다.

- 신
- 배우자
- 자녀들 혹은 의붓자녀들
- 부모 · 형제자매
- 직장 동료
- 고객들과 팀원들
- 친구
- 당신이 멘토링한 사람들
- 공동체/교회/유대교 사람들

당신의 목록에 이 사람들을 전부 포함시킬 필요는 없다. 목록을 작성하고 나면 당신은 그 목록을 정말 자신의 것으로 만들고 싶을 것이다. 그럴 때는 남편이나 아내의 실명을 사용하라. 당신이 포함할 사람들 또는 집단들의 숫자와 유산 진술문의 길이는 전적으로 당신에게 달려 있다. 목표는 다양한 집단의 사람들이 당신을 어떻게 기억하기를 바라는지 명확하게 이해하는 것이다. 이 사람들은 그저 후보에 지나지 않는다는 사실을 명심하라. 중요한 것은 이 사람들은 당신이 여전히 영향을 미칠 수 있는 사람들의 집단을 대표한다는 점이다. 이들이 살아 있고 당신이 살아 있는 한 당신은 긍정적인 영향을 미칠 수 있다.

2. 당신이 각각의 집단에 어떻게 기억되고자 하는지를 묘사하라

한 가지 방법은 다음과 같은 문장 형식을 사용하는 것이다. '나는 [이름 또는 해당 관계]이/가 ……을 기억해주기를 바란다.' 예를 들어 다음은 가정주부인 캐런Karen이 남편 개리Gary가 자신을 어떻게 기억해줬으면 하는지에 대해 쓴 것이다.

나는 개리가 항상 나의 가장 친한 친구였다는 사실을 기억해주길 원한다. 나는 그가 얼마나 나를 신뢰했는지, 그리고 내가 그의 꿈과 열망을 어떻게 지지하고, 존중하고, 응원했는지를 그가 기억해주기를 원한다. 우리가 얼마나 멋진 부부였는지, 각자가 가진 능력이 우리의 환상적인 결혼 생활을 어떻게 완성시켰는지를 그가 기억해주길 원한다. 우리가 육체적으로·정신적으로·감정적으로 서로에게 얼마나 강력하게 끌렸는지, 또한 서로에게 필요한 것을 채워주기 위해 얼마나 최선을 다했는지를 그가 기억해주길 원한다.

이번에는 고등학교 역사 교사인 채드Chad가 자녀들이 그를 어떻게 기억하기를 원하는지에 대해 쓴 글이다.

나는 그들의 인생에 깊숙이 참여한 아버지로서 기억되기를 원한다. 어느 주제에 대해서든 대화를 할 수 있는 사람으로 아이들에게 기억되길 원한다. 우리 가족을 안정적으로 이끈 가장으로서 아이들에게 기억되길 원한다. 내가 소중한 경험들을 통해 그들을 가르쳤다는 것을 기억해주기를 원한다. 그들에게 깊은 관심을 가졌던 아버지로 알려지기를 원한다.

한 대형 제조 회사의 특정 사업 부문 임원인 도나Donna는 자신이 회사 사람들에게 어떻게 기억되고 싶은지에 관해 다음과 같이 썼다.

나는 그들에게 봉사하고 그들을 리더로 성장시키려 한 사람으로 기억되기를 원한다. 나의 개인적인 이해를 뒤로하고 그들의 개인적인 목표 및 직업적인 목표를 달성하는 데 도움을 준 사람으로 기억되기를 원한다. 내가 그들을 사랑하고 그들에게 봉사한 사람, 그리고 항상 진실―말하기 어려운 진실일지라도―만을 말한 사람으로 그들에게 인정받고 싶다.

마지막으로 온라인 마케팅을 하는 에릭Eric은 소셜미디어의 팔로워들이 자신을 어떻게 기억해주길 원하는지에 대해 다음과 같이 말했다.

나의 투명성, 진실성, 관대함을 그들이 기억해주길 원한다. 내가 그들의 기대를 어떻게 뛰어넘었는지, 내가 그들에게 삶을 변화시킬 정도로 강렬한 콘텐츠와 자료를 제공했다는 것을 그들이 기억해주길 원한다. 무엇보다 그들이 나를 본받을 만한 가치가 있는 인생을 산 롤모델로 삼아주길 원한다.

3. 당신의 유산 진술문을 가능한 강렬하게 만들어라

기억하라. 당신의 인생 계획서가 당신을 강하게 추동할 수 있게 하려면, 정신과 가슴을 둘 다 움직여야 한다. 둘 다 핵심적인 요소이다. 후자를 움직이는 방법은 유산 진술문을 가능한 한 구체적으로 묘사하는 것이다.

예를 들어, '나는 우리가 함께했던 시간들을 실라^{Sheila}가 기억해주길 원한다'와 같이 말하는 것보다는 '나는 우리가 함께 웃었던 시간, 울었던 시간, 서로에게 중요한 것들에 대해 이야기했던 시간, 서로에게 안겨 석양을 바라봤던 시간을 실라가 기억해주길 원한다'가 훨씬 낫다.

이러한 사례들은 각자가 다른 사람에게 어떻게 기억되기를 원하는지 보여준다. 이들은 모두 '나는 ○○이 나를 이러이러한 사람으로 기억해주기를 원한다' 는 말로 시작한다. 이것은 첫 문장을 시작하는 훌륭한 방법이 될 수 있다. 그래도 첫 문장을 시작하는 것이 어렵다면 다른 전법을 써볼 수 있다. 당신의 장례식이 영화 속의 한 장면이라고 상상해보라. 가족들과 친구들이 자기 차례에 일어나서 무슨 말을 할까? 대본을 쓴다고 생각하고 계속 상상해보라. 당신은 그들이 무슨 말을 했으면 하는가? 머릿속에 떠오른 생각들을 글로 옮겨보라. 당신만의 방식으로 써나가도 좋다.

  이 작업을 다 마치고 나면 이제 한 묶음의 유산 진술문이 만들어졌을 것이다. 이제 이것들을 갖고 당신의 추도사를 만들면 된다. 핵심은 당신의 장례식이 미래의 어느 날이 아닌 바로 오늘인 것처럼 쓰는 것이다. 톰Tom이 쓴 추도사를 아래에 소개한다. 부록에 나오는 인생 계획서 예시에서 소개하는 다른 사람들의 추도사를 참고해도 좋다.

톰은 자녀들의 삶에 긍정적인 영향을 미치는 것이 인생의 사명이었던 가정적인 사람이었다. 그와 아내 리사Lisa에게 자녀들과 손주들, 증손주들은 인생의 1순위였다. 톰은 일편단심 아내만을 사랑했으며 두 사람은 때로는 둘이서, 때로는 멋진 가족과 함께 사랑하고 웃으며 많은 시간을 함께 보냈다.
톰은 세 아이들이 태어난 순간부터 해달라는 것이 무엇이든 다 들어줬다. 아이들이 어렸을 때 그는 아이들의 농구팀과 야구팀을 코치했다. 그는 항상 세 가지를 강조했다. 즐겁게 놀고, 적극적으로 플레이하되, 정정당당한 스포츠 정신을 보일 것. 아이들은 아버지의 그 말을 절대로 잊지 않았으며 그것이 운동뿐만 아니라 삶에도 적용될 수 있다는 사실을 깨달았다. 즐겁게 놀고, 열심히 일하고, 사람들을 존중하고 친절하게 대할 것.
톰은 번창한 모기지 회사의 소유주로 20년을 보낸 것을 포함하여 모기지 산업에서 오랜 경력을 쌓은 후, 훌륭한 고등학교 농구 코치가 되었다. 그가 코치했던 수백 명의 선수들이 그의 추도식에 참석했다. 톰이 그들을 선수이기 이

전에 인격체로서 대하고 보살폈기 때문이었다.

삶의 균형이라는 말은 톰이 마음을 다해 믿었던 가치였다. 그는 균형의 중요성을 그가 만난 모든 사람에게 전하려고 애썼으며 그의 삶은 사람들에게 훌륭한 본보기가 되었다.

오늘 낭송될 추도사를 작성하고 나면, 이제는 상상 속의 추억들을 현실로 만들고 싶다는 생각이 들 것이고, 그렇다면 무엇을 해야 할지 고민하게 될 것이다.

남은 시간을 최대한 활용하라

세계 최고의 회계법인인 KPMG그룹의 CEO였던 유진 오켈리Eugene O'Kelly는 쉰세 살이라는 나이에 뇌종양 후기 진단을 받았다. 의사들은 그가 앞으로 세 달 정도밖에 살지 못한다고 엄숙하게 말했다. 그는 치료가 불가능하다는 사실을 빨리 받아들였다. 기적이 일어날 가능성은 희박했다. 그는 보통 사람들이 이런 상황에 닥쳤을 때 할 수 있는 생각을 했다. 즉, 임박한 죽음에 대해 그리고 사람들에게 미칠 영향에 대해 생각했다.

그는 잘 죽기로 결심했고 남은 90일 동안 죽음을 준비했다. 그는 진짜 CEO가 할 수 있는 방식으로 자신을 위한 목표들을 세웠다. 그는 '잘 풀고' 싶은 중요한 관계들의 목록을 작성했다. 이 목록을 갖고 그 관계들을 잘 마무리하고자 했고, 그들이 자신에게 얼마나 소중한 사람이었는지를 전달하고자 했다. 우리와 달리 그에게는 망설일 시간이 없었다. 살날이 얼마 남지 않았던 그로서는 이것을 '언젠가/아마도' 라는 이름의 목록에 넣을 수가 없었다. 죽음이 바로 코앞에서 그를 기다렸다.

이 마지막 몇 달 동안 그는 가능한 한 '완벽한 순간들' 을 많이 만들어야겠다고 결심했다. 그의 목표는 마치 시간이 멈춘 것처럼 시간을 보내는 것이었다. 즉 과거를 돌아보지 않고 미래를 걱정하지 않으며 오로지 현재로 충만한 시간을 보내는 것이었다.[3]

그는 자신의 목표에 방해나 간섭이 될 수 있는 것들을 의식적으로 배제했다. 휴대폰 전원을 껐고, 마음의 문을 활짝 열었다. 그에게 가장 중요했던 것은 '이 순간' 이었다. 즉, 지금 이 순간 옆에 있는 사람들, 그가 지금 나누고 있는 대화였다.

비록 그는 짧은 생을 살다 갔지만 남은 시간 동안 자신이 가장 원하는 삶을 만들어냈고 이는 주변 사람들에게 긴 여운을 남겼다.

우리 중에 살날이 얼마나 남았는지 아는 사람은 아무도 없다. 우리에게 앞으로 30년이 남아 있을까? 아니면 30분이 남아 있을까? 내 친구 마이크가 했던 작별 인사는 진실을 제대로 짚었다. 우리는 모른다. 하지만 우리는 차이를 만들어낼 수 있고 우리의 유산을 지금부터 만들어갈 수 있다.

제5장
우선순위를 정하라

당신이 원하는 것을 결정하고 그것을 얻기 위해 무엇을 내어줄지 결정하라. 우선순위를 세우고 실천하라.

_ H. L. 헌트 H. L. Hunt

2007년 8월에 대침체가 시작되면서 많은 상담 고객이 지출을 급격하게 줄일 수밖에 없었다. 나^{대니얼}는 상담 고객이 빠르게 줄어드는 것을 보면서 심한 압박을 느꼈다. 회사에 죽음의 고비가 찾아왔다. 사업 파트너인 배리^{Barry}와 나는 하루 정도 혼란의 소용돌이에서 벗어나 머리를 좀 식히면 뭔가 보이지 않을까 하고 생각했다. 우리는 플라이 낚싯대와 잡지 몇 권을 챙겨 데슈츠강^{Deschutes River}으로 갔다. 배리는 강 위쪽으로 갔고 나는 아래쪽으로 내려갔다.

우리는 몇 시간 후에 다시 만났다. "무슨 생각이 떠오르던가?" 배리가 물었다. 나는 우리가 어려운 고비에 막 들어섰다는 생각이 들었다고 말했다. 당시 나는 회사의 생명을 가까스로 연장시킬 수 있는 업무에 하루를 다 바쳤다. 내 시간과 우선순위를 전략적으로 활용하기보다 일단은 급한 불을 끄는 데 급급했다. 나는 성찰을 하면서 균형을 되찾고 혁신적인 방법을 찾기 위해서는 일로부터 멀어져야 된다는 생각이 들었다.

정신 나간 생각이었지만 그게 옳은 일인 것 같았다. 게다가 우리 팀원들은 내가 잠시 자리를 비우더라도 회사를 충분히 운영해나갈 수 있었다_{모든 리더가 바라는 이상적인 목표라고 할 수 있겠다}. 나는 휴가를 떠나면서 회사에 현금이 부족한 경우에만 연락하라고 배리에게 말했다. 진짜 현금이 부족한 경우가 생길 가능성이 충분히 있었다. 그만큼 우리는 거의 절벽 끝자락까지 떠밀린 상태였다.

나는 멕시코에서 가족과 몇 주를 보냈다. 그뒤 2주 동안은 결혼 20주년을 축하하기 위해 아내하고만 시간을 보냈다. 나는 무엇보다 내 일을 사랑했지만 인생 계획서가 정말로 중요한 것을 나에게 상기시켜주었다. 그 휴가는 나에게 있어서나 우리 가족에 있어서 풍요롭고 건강한 시간이었다. 또한 내 사업에도 굉장한 영향을 미쳤다.

바로 이 안식 기간에 나는 빌딩 챔피언스의 밥줄을 살릴 신제품 콘텐츠를 개발했다. 새로운 콘텐츠 덕분에 우리 회사는 기존의 일 대 일 코칭 시장에 더해 컨퍼런스 무대에도 진출했다. 적자에서 흑자로 전환되기 시작했다. 경제 위기의 한가운데서 새롭고 신선한 방식으로 고객들의 욕구를 충족시킬 수 있었다. 덕분에 우리 회사는 임원 코칭 업계의 일인자로 올라섰다. 2008년, 경제 위기가 한창이었던 당시에 안식 기간을 갖지 않았더라면 이런 획기적인 콘텐츠를 개발하고 출시하는 데 필요한 집중력을 모으지 못했을 것이다.

우리는 유능한 사람들이 바쁘게 움직인다고 생각하는 경향이 있다. 중요한 것은 그들이 옳은 일을 하느라 바쁘다는 점이다. 반면 많은 사람이 그렇게 하지 않는다. 일이나 삶이 바빠지거나 정신이 없어지면 우리는 우선순위를 망각할 때가 많다. 하지만 정말 중요한 것들을 1순위로 놓고 거기에 집중한다면 삶에 균형을 찾을 수 있으며 나아가 더 나은 결정을 내릴 수 있게 된다.

기쁨과 만족감을 갖고 삶을 이끌어나가는 사람들은 우선순위가 명확한 사람들이다. 그들은 최선을 다하고 싶은 일이 무엇인지 알고 있으며 그런 일들로 하루를 채운다. 다른 사람이 대리할 수 있는 일이거나, 지연시킬 수 있는 일이거나, 그만둘 수 있는 일이라면 그것은 우선적인 일이 아니며 우선적인 일이 되어서도 안 된다.

우선순위를 정하기만 하면 당신의 삶이 유토피아가 될 것이라는 말이 아니다. 하지만 적어도 삶이 당신에게 유리한 방향으로 흘러갈 수 있도록 사전 준비를 할 수는 있지 않을까? 당신에게 주어진 날은 한정되어 있다. 우리 중 가장 현명한 사람은 자녀들과 함께 보낼 수 있는 토요일이 1년에 52일밖에 없다는 사실을 이해한다. 토요일에는 자녀들과 시간을 보내는 것 말고도 할 일이 있지 않느냐고? 물론이다. 하지만 당신이 두 번째로 중요한 것을 거절하는 방법을 터득하지 못하면 당신에게 가장 중요한 것을 해볼 기회조차 얻지 못할 것이다.

앞서 말했듯이 인생 계획서는 강력한 세 가지 질문에 대한 대답이다. 이제는 두 번째 질문에 대답해야 할 차례이다.
'당신에게 가장 중요한 것은 무엇인가?'

당신의 1순위는 무엇인가

   이것은 어쩌면 이제까지 한 번도 생각해본 적 없는 질문일 수도 있다. 지금껏 당신에게 중요한 것을 다른 사람들, 부모님, 배우자, 상사가 결정해왔는지도 모른다. 우리 모두는 이런 비슷한 종류의 압박을 마주한다.

   '너는 이런 사람이어야 해', '너는 이것을 해야 해'라는 식의 외부의 기대들이 우리의 가치 체계를 잠식하고 있다. 예를 들어 많은 사람이 어릴 때부터 대학에 가야 한다는 소리를 듣고 자란다.

   어쩌면 더 높은 학위를 받아야 한다는 소리를 듣기도 한다. 그렇지만 왜 그래야 하는가? 대학 실업자에 대한 통계 자료를 본 적이 없단 말인가? 뉴스에서는 연일 고학력자 실업에 대한 문제가 다뤄진다. 사실상 저널리즘에 하나의 새로운 장르가 생겼다고 해도 과언이 아니다. 〈학교에서 율리시즈를 논하던 대학 졸업생, 사회에 나와 '카페라떼 나왔습니다'를 외치며 빚을 갚는다〉라는 제목의 특집 기사 같은 것 말이다. 물론 바리스타가 되고 싶은 사람이나 아르바이트로 그 일을 하며 등록금을 갚는 것이 잘못이라는 게 아니다.

   많은 사람이 대학에 가야 한다는 사회적인 압박을 받고 있지만 현실을 보면 모든 사람이 대학에 갈 필요는 없다. 전 미 교육부 장관을 지냈으며 저명한 라디오 프로그램 〈빌 베넷 모닝 인 아메리카〉의 진행자 윌리엄 J. 베넷^{William J. Bennet}과 빌의 라디오 프로그램의 제작자 데이비드 와일졸^{David Wilezol}은 《대학은 가치가 있는가^{Is College Worth It?}》라는 책에서 주요 단과대학과 종합대학에 투자한 돈에 대한 수익률이 어느 정도인지를 계산했다. 성적이 우수한 고등학교 3학년이 대학에 진학한 경우 고등학교 졸업 후 바로 취업한 학생에 비해 잠재적인 수익력이 떨어지는 것으로 나타났다.[1]

당신은 당신에게 옳은 일을 해야 한다. 다른 사람들이 가려는 곳이 당신에게는 가고 싶지 않은 곳이라면 그들에게 뒤처지지 않으려고 애쓰는 것은 의미가 없다. 문화적인 표류에 휩쓸리지 않으려면 당신이 가고 싶은 곳이 어디인지를 선택해야 한다. 이 장에서는 무엇이 가장 중요한 것인지를 당신이 선택했으면 한다. 무엇이 꼭 필요한가? 당신의 우선순위는 무엇인가?

당신의 인생 계정들을 밝혀라

먼저 당신의 삶을 구성하는 여러 영역을 떠올려 보라. 대부분의 사람들은 삶을 일곱 개에서 열두 개의 영역으로 나눈다. 우리는 삶의 영역들을 인생 계정이라고 부른다. 수년간 코칭을 해오면서 가장 많이 언급

되었던 아홉 개의 인생 계정을 아래 소개한다.

인생 계정 그래프[100페이지 참조]는 가장 중심에 있는 '나'라는 원을 포함한 동심원 세 개로 이루어져 있다.

존재의 원

가장 안쪽의 원은 오직 당신 자신과 관련된 활동들의 집합이다. 여기에는 당신의 영적 계정, 육체적 계정, 지적 계정이 포함된다.

관계의 원

두 번째 고리는 다른 사람들을 상대로 한 활동들의 집합이다. 당신의 결혼 계정, 양육 계정, 사회 계정[예를 들어 친구, 교회나 종교 단체, 독서 모임 등].

활동의 원

세 번째 고리는 산출과 관련된 활동들의 집합이다. 산출이란 당신의 직업 계정, 취미 계정, 재정 계정을 말한다.

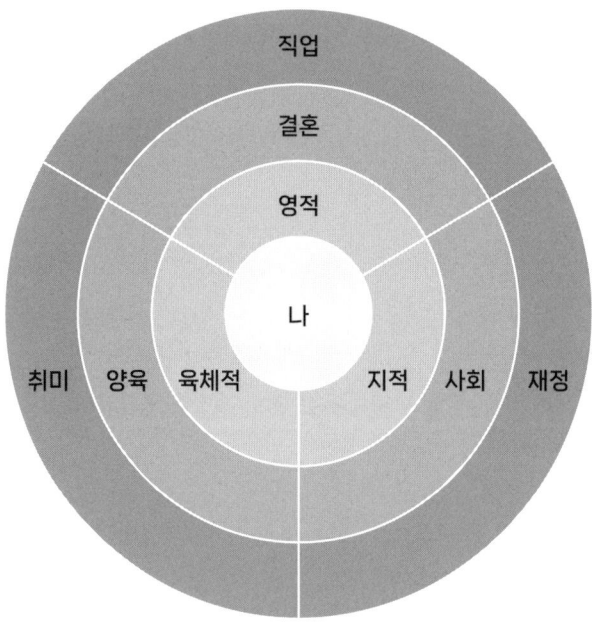

인생 계정 그래프

이 그래프는 엄격하게 고정된 틀이 아니다. 삶에는 하나의 계정만 있는 것이 아니라는 점을 당신이 인식할 수 있게끔 돕기 위한 하나의 방법일 뿐이다. 삶에는 일 하나만 있는 것이 아니다. 삶에는 결혼 생활 하나만 있는 것이 아니다. 삶에는 돈 하나만 있는 것이 아니다. 삶은 관심사, 책임, 꿈, 활동 들이 상호 연관된 하나의 집합체이다.

이 단계에서 해야 할 일은 당신만의 '계정 차트'를 만드는 것이다. 이제는 당신에게 중요한 인생 계정 목록을 써보자.

앞의 도표에서 소개한 아홉 개의 계정으로 시작해볼 것을 추천한다. 하지만 당신의 상황에 맞게끔 몇 개를 더하거나 지워도 상관없다. 이것은 우리의 우선순위가 아니라 당신의 우선순위이니까. 이 계정 차트에 원하는 만큼 많은 계정을 추가할 수 있다. 우리가 본 사람들은 최소 다섯 개에서 최대 열두 개에 이르는 계정 목록을 썼다.

예를 들어 제리Jerry의 계정은 아홉 개이다.

- 나
- 결혼: 샌드라
- 자녀: 미카, 제프리, 애니
- 부모님과 형제자매들
- 친구들
- 경력
- 재정
- 창조 활동
- 반려동물

한나Hannah의 계정은 다섯 개이다.

- 신념

- 자기 돌보기
- 가족: 찰스, 줄리, 토미
- 그 외 가족
- 재정·일·교육·모험

목록을 만들 때 다음의 네 가지 사항을 고려해보라.

1. 인생 계정들은 나의 상황에 맞는 것들이어야 한다

현재 독신 생활을 하고 있다면 결혼 계정이 없어도 될 것이다. 이제 막 결혼을 했다면 양육 계정이 없어도 될 것이다. 당신이 취미 계정^{주요 직업 외에 당신이 추구하는 흥미나 취미의 영역}을 추가하고 싶어도 지금은 그럴 만한 단계가 아닐 수도 있다.

2. 인생 계정은 당신이 원하는 대로 이름을 붙일 수 있다

당신에게 의미 있는 이름을 선택하라. 되도록 구체적인 이름을 붙이는 것이 가장 좋다. 한 계정이 넓은 범위를 포괄할 수도 있다. 예를 들어 가족 전체를 하나의 계정에 포함시키는 것이다. 아니면 한 계정이 좀 더 좁은 범위를 포괄할 수도 있다. 예를 들어 가족들 각각에게 다른 계정을 부여하는 것이다. 이는 각자가 서로 다른 요구를 갖고 있을 때 매우 유용하다. 다시 한번 말하지만 모든 것은 당신에게 중요한 것이 무엇인지, 당신이 어느 정도의 범위에 초점을 맞출 것인지에 달려 있다. 단, 한

가지 조심해야 할 것은 계정을 열 개에서 열두 개 이상 만들지 않는 것이다. 경험상 계정이 너무 많으면 각각의 계정이 의미를 잃는다.

3. 인생 계정들은 상호 연관되어 있다

우리가 계정 목록 만들기를 추천하는 이유는 어디까지나 검토를 위해서이다. 이것은 하나의 모델일 뿐 현실은 다르다. 현실에서 당신은 삶 전체에서 한 명의 사람으로서 존재한다. 예를 들어 당신의 건강이 나쁘다면 이것은 당신의 결혼 생활, 일, 영적인 삶에까지도 부정적인 영향을 미칠 수 있다. 실제로 해보면 알겠지만 우리는 한 영역을 나머지 영역들과 분리시킬 수 없다. 그럼에도 불구하고 우리는 그것들을 목록으로 만들고자 한다. 그럼으로써 각각의 영역에 적절한 관심을 투자할 수 있기 때문이다.

4. 인생 계정들은 시간이 지남에 따라 변한다

우리는 수년에 걸쳐 인생 계정을 정기적으로 갱신해왔다. 우선순위를 정하는 방식이 바뀌기도 한다.^{이것에 대해서는 다음 두 섹션에서 더 자세하게 말할 것이다.} 중요한 것은 지금의 삶을 반영하는 목록을 만드는 것이다. 기억하라. 우리가 제2장에서 말했듯이 당신의 인생 계획서는 '남은 일생 동안 필요에 따라 수정하고 조정할 수 있는 하나의 살아 숨 쉬는 문서이다'.

각각의 조건을 결정하라

우리는 평가하지 않은 것을 개선할 수는 없다. 그렇기 때문에 이제는 각각의 계정을 검토하고 당신이 지금 어디에 있는지를 알아내야 한다. 이 작업에 필요한 도구를 잠시 후에 소개하고자 한다. 하지만 먼저 우리가 왜 인생 계정이라는 용어를 선택했는지를 설명하고자 한다.

누구나 은행 계좌가 어떤 역할을 하는지 알고 있을 것이다. 은행 계좌는 당신의 돈을 예치하는 곳이자, 청구서를 지불하는 곳이며, 가치가 늘어나는 곳이다. 게다가 각각의 계좌에는 잔액이 들어 있다.

어떤 계좌는 잔액이 계속 늘어난다

당신은 필요한 것보다 더 많이 갖고 있다. 당신은 받는 것에 비해 덜 쓴다. 잔액은 계속 늘어난다. 만약 당신이 가진 계좌들의 대다수가 이런 상태라면 당신에게는 안정된 미래가 확보된 것이다.

어떤 계좌에는 잔액이 비슷하게 유지된다

당신은 필요한 만큼 갖고 있다. 당신은 받는 만큼 쓴다. 잔액은 꾸준히 비슷한 상태를 유지한다. 당신이 가진 계좌들이 이런 상태라면 당신의 현재는 안전할 수도 있지만 미래는 위기에 처할 수도 있다.

어떤 계좌에는 잔액이 계속 감소한다

당신은 필요한 것보다 적게 갖고 있다. 당신은 받는 것보다 더 많이 쓴다. 잔액이 계속 줄어든다. 너무 많은 계좌가 이런 상태라면 당신의 현재와 미래 둘 다 안전하지 않다. 당신은 '파산'할 위험에 처해 있다.

이제 이 은행 계좌의 비유를 당신의 인생 계정에 적용시켜보자. 각각은 특정 잔금을 갖고 있다. 어떤 계정은 잔액이 늘어나고 어떤 계정은 잔액이 비슷하게 유지되며 어떤 계정은 잔액이 줄어들거나 마이너스이다. 예를 들어 당신이 축구 리그에서 미친 듯이 활약하고 있다고 하자. 하지만 당신의 가족은 주말마다 당신을 그리워한다. 아니면 당신이 직장에서 연달아 목표 달성을 해내고 있다면, 당신의 건강 계정은 마이너스일 것이다. 당신이 패스트푸드를 너무 많이 먹고 운동을 규칙적으로 하지 않는다면 마찬가지로 건강 계정이 마이너스일 것이다. 아니면 육체적으로는 멋지지만 결혼 생활은 무미건조할 수도 있다. 마치 서로 남남끼리 같은 지붕 아래에서 사는 것처럼 말이다. 아니면 당신은 직업을 잃었지만 대신 든든하고 훌륭한 친구들이 옆에 있을 수도 있다.

요컨대 당신의 삶이 계정들의 집합체라는 점, 그리고 각각의 계정은 적절한 관심을 요구한다는 점이다. 이번 부분에서 우리는 인생 계정의 상태를 평가할 수 있는 도구를 제공할 것이다. 당신은 이 도구를 활용하여 전반적인 목표를 달성하는 데 필요한 관심을 각각의 계정에 적절하게 투자할 수 있다.

인생 평가 프로필Life Assessment Profile은 당신의 인생 계정이 각각 필요한 만큼 얻고 있느냐를 판단하기 위해 고안된 온라인 도구이다. 이 도구는 LivingForwardBook.com에서 구할 수 있다.

이 온라인 평가는 작성하는 데 대략 20분 정도 걸린다. 다 작성하고 나면 우리는 당신에게 3쪽짜리 보고서를 이메일로 보낸다. 당신은 이 보고서를 통해 인생 계정들이 정확하게 어떤 상태인지를 알 수 있다. 이 보고서 결과는 제6장에서 실행 계획서를 만들 때 기초가 된다.

인생 평가 프로필의 개념적인 모델은 다음과 같다.

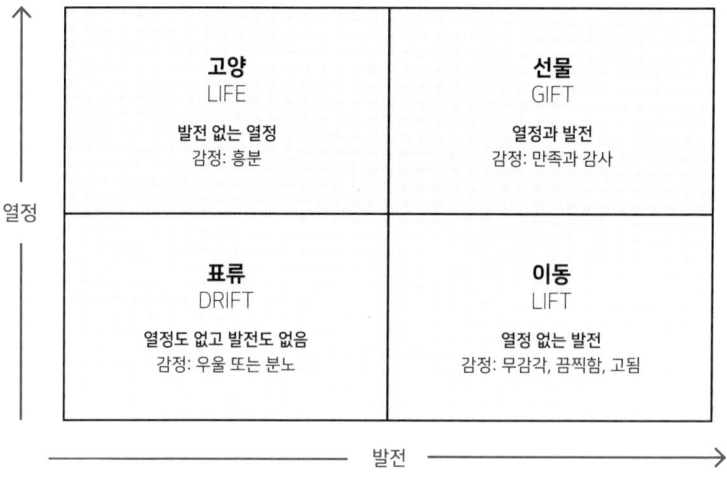

인생 평가 프로필

목표는 당신의 인생 계정들 각각에 긍정적인 균형을 가져온다. 하지만 이것이 정확히 어떤 의미일까? 우리의 경험에 따르면 사람들이 열정과 발전을 둘 다 경험할 때 긍정적인 계정 균형이 만들어진다. 이 두 가지는 뚜렷이 다르지만 필수적인 구성 요소이다.

열정 당신이 특정한 인생 계정에 대해 갖고 있는 열의와 관련된다. 당신은 배우자를 사랑하는가? 그 사랑이 계속 커지는가 아니면 줄어드는가? 당신의 경력은 어떤가? 당신은 일에 열정적인가 아니면 지루해 하는가? 당신의 건강은 어떤가? 당신은 운동을 좋아하는가 아니면 싫어하는가? 당신의 대답이 어느 쪽이든 상관없다. 바로 이러한 질문에 해당하는 것을 우리는 열정이라고 부른다.

발전 당신이 특정한 인생 계정에서 얻고자 하는 결과와 관련된다. 다시 질문하면, 당신의 배우자는 어떤가? 당신은 배우자를 사랑하면서도 배우자와 끊임없이 싸우며 살고 있을 수도 있다. 당신의 경력은 어떤가? 당신은 일을 사랑하지만 일한 만큼 대가를 받지 못하고 있거나, 원하는 자리에 오르지 못했을 수도 있다. 당신의 건강은 어떤가? 당신은 운동을 즐겁게 하지만 아직도 원하는 만큼 살이 빠지지 않았을 수도 있다.

열정과 발전이 실제 삶에서 어떤 역할을 하는지 예를 들어 설명해보겠다. 나마이클는 책 출판 분야에서 매우 성공적인 경력을 쌓았다. 책을 사랑했기 때문에 이 분야에 뛰어들었다. 나는 세상을 바꿀 수 있는 책의 잠재력에 매혹되었다. 또한 작가들과 일하는 것을 좋아했고 그들이 새로운 아이디어에 착안할 때 도움을 주었다.

하지만 회사에서 더 높은 자리로 승진하면 할수록 작가들과 일하는 시간은 점점 줄어들었고 회사의 행정과 재무 감독에 더 많은 시간을 보내야 했다. 나는 또 그 업무를 잘해내 12개월에서 18개월마다 승진했다. 그리고 결국에는 사장과 CEO가 되었다. 하지만 회사가 책을 출판한다는 사실은 그 시점에 이르자 거의 무의미했다. 내 일의 대부분은 수익을 높이고 비용을 줄여서 이사회를 행복하게 만드는 것이었다.

나는 그 일이 싫었다. 발전한 것은 확실했지만 대신 열정을 잃었다. 우리는 주변에서 이와 비슷한 종류의 사례들을 만난다.

- 한 웨이터는 노래와 기타 연주를 매우 좋아하지만[그는 열정을 갖고 있지만] 공연할 기회를 얻지 못해 자신의 욕구를 충족시키지 못한다[발전하지 못하고 있다].
- 한 엄마는 아이들을 사랑하고 성공적인 부모가 되고 싶지만[그녀는 열정을 갖고 있다] 아이들이 버릇이 없고 통제가 되지 않는다[발전하지 못하고 있다].
- 한 치과의사는 시술 능력이 꾸준히 좋아지고 있지만[그는 발전하고 있다] 매일 환자들의 치아만 들여다봐야 하는 단조로움을 싫어한다[열정을 잃었다].

• 한 커플은 효율적인 관계를 맺고 있다. 상대방의 역할과 책임을 분명하게 이해한다.^(그들은 발전해왔다). 하지만 그들은 함께 있을 때 예전만큼 즐겁지가 않다^(그들은 열정을 잃었다).

인생 평가 프로필은 주요 인생 계정 각각에 나타난 열정과 발전을 측정한다. 이것은 과학적인 도구가 아니다. 하지만 각 주요 영역에서 당신이 어떻게 하고 있는지를 평가하는 데 유용한 도구이다.

프로필은 각 계정의 열정과 발전 점수에 근거하여 106쪽의 인생 평가 프로필에서 각 계정의 위치를 나타낸다. 인생 계정은 저마다 다음 네 가지 상태 중 하나에 속하게 돼 있다.

표류 이것은 열정도 없고 발전도 없는 상태이다. 당신의 인생 계정이 처할 수 있는 상태 중 가장 최악이다. 이 상태에 있는 당신은 실망, 분노, 무감각, 어쩌면 절망까지도 경험할 수 있다. 이러한 부정적인 소용돌이에서 벗어나기 위해서는 뭔가가 변해야 한다. 당신은 꺼져버린 열정에 다시 불을 붙여야 하고 긍정적인 결과를 얻는 방법을 찾아야 한다. 그리고 열정이 보통 발전에 선행한다. 열정이 발전을 이끌어내는 자연스러운 동력이기 때문이다.

고양 이것은 열정은 있지만 발전을 경험하지 못한 상태이다. 열정적이라는 점은 좋지만 충분하지 않다. 당신은 아마 흥분해 있을 것이다. 하지만 결과를 얻지 못하면 흥분은 쉽게 실망으로, 나쁘면 냉소주의로 변할 수 있다. 이럴 때는 새로운 전략을 시행하고, 새로운 기술을 연마하고, 발전을 추동하는 데 집중해야 한다.

이동 이것은 발전을 경험하고는 있지만 열정이 없는 상태이다. 당신은 앞으로 나아가고 있지만 그것에 큰 의미를 두지 않는다. 당신은 해당 영역의 삶을 즐기지 못하고 있다. 아마도 무관심, 끔찍함, 지긋지긋함을 느끼고 있을 것이다. 가슴이 뛰지 않는다. 당신은 열정을 자극해야 하며, 전에는 알아보지 못했던 매력을 찾아야 하고, 어떻게든 해당 영역의 중요성을 재발견해야 한다.

선물 이것은 열정과 발전을 모두 경험하는 상태이다. 당신의 인생 계정이 나타낼 수 있는 상태 중 가장 최고의 상태이다. 당신이 이 상태에 있다면 만족과 감사를 느낄 가능성이 크다. 당신은 이러한 상태가 절대 끝나지 않았으면 한다. 당신은 어떻게 여기까지 왔는지를 돌아볼 필요가 있다. 그러면 당신은 계속 이 상태를 유지할 수 있고 또 새로운 수준에까지 나아갈 수 있다.

인생 평가 프로필의 목적은 당신이 인생의 주요 영역을 현 상태에서 원하는 상태로 이끌 때 필요한 기준을 제공하기 위함이다. 제6장 '인생의 경로를 그려라'에서 우리는 이 정보를 활용할 것이다. '당신에게 가장 중요한 것은 무엇인가?'라는 질문에 대답하려면, 아직 한 단계를 더 거쳐야 한다.

인생 계정들에 우선순위를 정하라

데이비드^{David}는 한 글로벌 기업에서 일했다. 회사는 그를 홍콩에 파견하고 싶어 했다. 이것은 엄청난 승진 기회였다. 하지만 대가가 따랐다. 그가 홍콩으로 가게 되면 가족과 2년 동안 떨어져 지내야 했다. 물론 그가 몇 주에 한 번씩 집에 올 수도 있을 테고, 혼자서만 왔다 갔다 하기에는 거리가 있다 보니 가족이 그를 방문할 수도 있을 터였다. 아무리 그렇다고 해도 아이들에게는 '아빠'가 한 달에 26일은 다른 대륙에 있을 거라는 점은 부정할 수 없는 사실이었다. 그렇게 오랫동안 떨어져 지내면 나중에는 아이들이 아빠가 옆에 있는지 없는지도 신경 쓰지 않게 될 거란 사실은 누구나 예상할 수 있는 결과였다.

이 제안을 받은 것과 동시에 그는 또 다른 제안을 받았다. 후자는 엄청난 기회까지는 아니었지만 그럭저럭 괜찮은 기회였다. 무엇보다 집을 떠나지 않아도 되었다. 하지만 그는 우선순위가 명확하지 않았다. 데이비드는 어떤 제안을 받아들여야 할지 결정하느라 힘들었다.

당신에게 이런 선택의 순간이 찾아온다면 어떻게 하는 것이 가장 좋은 답일까? 당신의 인생을 비디오처럼 앞으로 빠르게 돌려보자. 당신이 가족보다 제트족 jet set: 제트기를 타고 세계를 자유롭게 누비는 부자들 으로서의 삶을 우선순위에 둔다면 어떻게 될까? 데이비드는 비디오의 결말을 보았고 집을 떠나지 않는 쪽을 선택했다.

나^{대니얼}도 같은 선택을 할 수밖에 없었다. 모기지 업계에서 내 경력이 절정에 달했던 시절에 나는 어마어마하게 승진했고 그와 함께 먼 거리를 이동하게 되었다. 미 서부 전역에 퍼져 있는 모든 지사의 지점장들을 만나 코칭하는 일을 하느라 매주 2~3일은 비행기에서 보냈다. 나는 최고 경영진이 되기 위한 훈련을 받았다. 그때 겨우 서른을 갓 넘긴 나이였다. 경력이나 수입 면에서 보자면 내 미래는 내가 이제까지 상상했던 것보다 더 밝아 보였다.

얼마 지나지 않아 나는 잘못된 목표를 좇고 있다는 사실을 깨달았다. 나에게는 아름다운 아내와 세 명의 아이들이 있었다. 그들은 내 회사가 나를 필요로 하는 것보다 훨씬 더 많이 나를 필요로 했다. 나는 분명한 우선순위를 갖고는 있었지만 각각에 투자한 시간으로 따져보면 엉망이었다. 그러니까 일과 관련된 몇몇 계정은 매우 풍요로웠지만 가족과 관련된 다른 계정은 파산에 가까웠다. 내 우선순위는 제대로 지켜지지 않았다. 이 사실을 깨달은 후 나는 생애 처음으로 안식 기간을 갖게 되었다. 1년에 걸친 안식 기간은 내 인생에 가장 중요한 변화를 일으켰다. 그 변화들 중 하나가 코칭 회사를 설립한 것이다. 이 회사를 시작하지 않았다면 이 책은 존재하지 않았을 것이다.

우선순위를 세우는 것은 꼭 필요한 일이다. 그리고 올바른 순위를 매기는 것도 중요하다. 이제는 당신의 인생 계정 목록을 갖고 가장 중요한 것부터 가장 덜 중요한 것 순으로 우선순위를 매길 차례이다. 물론 순위가 낮은 계정들도 당신에게 중요한 것들이다. 그렇지 않으면 이 목록에 있을 이유가 없다. 하지만 모두가 같은 중요도를 가진 것은 아니다.

예를 들어, 당신의 경력은 중요하다. 하지만 당신의 가족보다 중요한 것은 아니다. 그런데도 많은 사람이 일이 가장 중요한 것처럼 산다. 인생 계정에 순위를 매기는 것은 어쩔 수 없는 상황에서 당신이 무엇을 우선시할지 결정하도록 하는 것이다. 그리고 장담하건대 이러한 대치 상황은 반드시 발생하게 돼 있다.

각각의 인생 계정 옆에 번호를 매겨라. 번호는 어떤 계정이 다른 계정에 비해 상대적으로 갖는 중요도를 나타낸다. 예를 들어 하이디(Heidi)의 우선순위 목록은 다음과 같다.

1. 조나Jonah와 그레이스Grace
2. 이안Ian
3. 조카들
4. 형제들와 올케들
5. 엄마와 아빠
6. 회사 동료들
7. 친구들
8. 공동체
9. 그 외 다른 가족들

그렉Greg의 목록은 다음과 같다.

1. 신
2. 나 자신
3. 테리Terri
4. 알렉스Alex와 미셸Michelle
5. 부모님과 형제자매
6. 경력/목사Ministry
7. 친구들
8. 금전

어떤 순위를 매길지는 당신에게 달려 있다. 이것은 당신의 인생을 위한 계획이 될 것이다. 물어보라. '내 목록에서 가장 중요한 인생 계정은 무엇일까? 그 무엇과도 바꿀 수 없는 하나는 무엇일까?'

우리가 상위권에 포함시킬 것을 권하는 유일한 인생 계정이 있다면 그것은 바로 당신 자신과 관련된 것이다. 그것은 단 하나의 계정으로 이루어졌을 수도 있고 아니면 우리가 제안한 것처럼 세 가지 계정, 즉 영적 계정, 지적 계정, 육체적 계정으로 구성되었을 수도 있다. 우리가 이렇게 권하는 이유는 먼저 스스로를 돌보지 않으면 다른 사람을 돌볼 수 없기 때문이다.

비행기를 타본 적이 있다면 승무원의 안내 방송을 분명 들어봤을 것이다. "기내의 기압에 변화가 생길 경우 여러분 머리 위의 패널이 열리고 산소마스크가 내려옵니다." 당신이 비행기를 자주 타는 사람이라면 아마도 그 긴 안내 방송의 나머지 부분을 외우고 있을지도 모르겠다. "마스크를 아래로 잡아당기면 산소가 공급되기 시작합니다. 마스크로 코와 입을 다 덮으세요. 고무 밴드를 머리에 끼고 평상시처럼 계속 숨을 쉬세요." 그러고는 항상 이런 말을 한다. "다른 사람을 돕기 전에 본인의 마스크를 먼저 착용해야 한다는 점을 잊지 마세요."

왜 그럴까? 당신이 숨을 못 쉬면 다른 사람을 도울 수 없기 때문이다.

이 말에서 우리가 삶을 어떻게 바라보아야 하는지에 대해 약간의 깨달음을 얻을 수 있다. 우리가 영적으로, 감정적으로, 지적으로, 육체적으로 다른 사람에게 도움을 줄 수 있으려면 먼저 자신을 돌봐야 한다.

당신을 첫 번째로 놓는 것이 잘 이해되지 않는다면 다른 사람을 돕기 위한 준비 과정으로 스스로를 먼저 돕는 것이라고 생각해보라. 예를 들면 이렇다.

- 당신이 영적으로 빈곤하면 다른 사람들의 영을 채워줄 자원이 부족하게 된다. 따라서 우리는 매일 성경을 읽고 기도하려고 노력해야 한다.
- 당신이 건강을 돌보지 못해 몸이 병들면 가족이나 동료들에게 최선의 도움을 줄 수가 없다. 따라서 우리는 정기적으로 운동하고 영양가 있는 음식을 먹어야 한다.
- 훌륭한 책을 읽는 시간을 만들지 않으면 지적 자원을 채우지 못할 것이고 당연히 다른 사람들에게 나눠줄 지적 자원도 없다. 따라서 우리는 적어도 한 달에 한두 권의 책을 읽으려고 노력해야 하고 운동할 때나 여행할 때 다른 사람의 말을 귀담아 들으려고 해야 한다.
- 감정적인 상처를 치유하려고 노력하지 않으면 당신은 다른 사람에게 감정적으로 반응하게 되고 다른 사람을 도울 수 없는 입장이 된다. 따라서 우리는 정기적으로 감정을 들여다보아야 하며 응어리로 남을 수 있는 감정의 싹을 뿌리 뽑아야 한다.

- 충분한 휴식을 취하지 않으면 신경질적인 상태가 될 것이며 그러면 아무도 당신 곁에 있고 싶어 하지 않을 것이다. 따라서 우리는 밤마다 일곱 시간 이상은 자려고 노력해야 한다. 또한 우리는 스스로를 돌보는 방법을 만들어서 자신을 잘 돌볼 수 있도록 해야 한다.

자기희생이 요구되는 때가 있다. 하지만 안타깝게도 어떤 사람들은 시기와는 상관없이 항상 스스로에게 가장 낮은 순위를 매긴다. 이것은 좋지 못한 생각이다. 왜냐하면 당신의 기본적인 욕구가 충족되고 '연료가 꽉 차 있을 때' 다른 사람을 훨씬 더 잘 도와줄 수 있기 때문이다.

삶의 다변적인 부분들

이번 장을 통해 당신은 삶이 참 다변적인 부분들로 이루어져 있다는 사실을 깨달았을 것이다. 그렇다. 삶은 실제로 수많은 유동적인 부분들로 구성돼 있다! 그런데 우리는 특정 계정에 집중하려면 다른 계정을 버려야 한다는 착각에 빠질 때가 많다. 이렇게 되면 다른 계정이 바닥나는 것은 시간문제다. 계속해서 한 가지 계정에만 집중하고 다른 계정들을 무시하면 상징적으로 말해서 당신은 파산하게 된다.

우선순위 목록은 이런 일이 일어나지 않도록 해준다. 이것은 당신의 계정이 때로 빈곤해지거나 바닥나지 않게 된다는 말이 아니다. 대신 한 계정이 좀 어려워지더라도 다른 계정들이 괜찮으면 당신은 그 계정이 처한 위기를 해결할 수 있다. 그리고 당신은 계정들의 성공이 어떤 모습일지 정의해야 한다. 다음 장에서 우리는 실행 계획서 만드는 법을 배울 것이다. 실행 계획서는 계정의 잔고가 마이너스가 되지 않고 계속 늘어날 수 있게 해준다.

제6장
인생의 경로를 그려라

"제가 여기서 어떤 길로 가야 할지 말해주실래요?"
"그거야 네가 어디로 가고 싶은지에 달렸지." 고양이가 말했다.
"저는 어디든 상관없어요." 앨리스가 말했다.
"그럼 어떤 길로 가든 상관없단다." 고양이가 말했다.

_**루이스 캐럴** Lewis Carroll
《이상한 나라의 앨리스*Alice in Wonderland*》 중에서

나^{대니얼}는 지난 16년에 걸쳐 북미 대륙에서 가장 규모가 큰 릴레이 경주인 '후드 투 코스트^{Hood to Coast}'에 참가해왔다. 1000개 이상의 팀들이 중간에 한 번도 쉬지 않고 약 320킬로미터를 달린다. 코스는 오리건주에 있는 장엄한 후드산^{Mount Hood}의 해발 1800미터 높이에 자리한 팀버라인 산장^{Timberline Lodge}에서 시작한다. 그러고는 소도시들, 농장, 언덕을 지나 포틀랜드주를 넘어 해변으로 뻗은 산줄기까지 이어진다. 결승선은 태평양, 정확히는 시사이드 해변^{Seaside Beach}이다. 이곳에는 5000명의 사람들이 모여 완주를 축하한다.

수백 명의 자원 봉사자가 코스를 뒤덮는다. 경로를 알려주는 앱도 다운받을 수 있다. 하지만 내가 1990년대 후반에 처음 참가했을 때만 해도 자원자도 적었고 앱 같은 건 있지도 않았다. 경주자들은 주행 거리와 주요 도로가 표시된 지도를 받았다. 그게 다였다.

한번은 이런 일이 있었다. 나는 새벽 3시 30분에 지도를 확인한 후 두 번째 주자로 출발했다. 달이 떠 있었고 나의 속도는 안정적이었다. 기분이 아주 좋았다. 갑자기 다른 세 명의 주자들이 나를 따라잡더니 방향을 틀어야 할 곳을 그대로 지나쳐 갔다. 나는 소리쳤다. "이봐요, 여기서 방향을 틀어야 해요!" 그들은 속도를 줄였다. 나는 그중 한 명이 몇 년 전 오리건 주립대학 육상 경기팀에 있었던 사람임을 알아보았다. 그들은 자기들이 맞다며 따라오라고 설득했다.

여러분은 이제 여기서부터 이 이야기가 어떻게 이어질지 예상이 될 것이다.

15분을 달려 한 3킬로미터 정도 왔을까. 그들은 길이 맞는지 의심하기 시작했다. 우리는 속도를 줄였고 결국 방향이 맞는지 의논하기 위해 멈췄다. 나는 너무 낙심한 나머지 패닉 상태에 빠질 지경이었다. 특히 우리 팀을 실망시켰다는 생각에 더욱 그랬다. 나는 주자 교체 지점에서 우리 팀을 만날 수 있었다. 그들은 우리가 제시간에 나타나지 않자 격정하고 있던 차였다. 앞 주자가 교체 지점에서 예정 시각보다 30분 넘게 나타나지 않으면 보통은 뭔가 나쁜 일이 생겼다는 것을 의미했다.

목적지를 분명히 밝히는 것은 인생 계획서를 만들 때 가장 중요한 요소들 중 하나이다. 경로를 아는 것은 경주를 제시간 안에 순조롭게 끝내기 위해서라도 아주 중요하다. 우리가 어디로 가는지를 분명하게 모르고 간다면 도중에 만난 짜릿한 기회라든가 좋은 뜻에서 도와주려는 사람에게 쉽게 이끌리게 돼 있다. 하지만 이는 나중에 가서 후회할 가능성이 크다.

우리가 상담 고객들에게 반드시 통과하게끔 하는 연습 과제 중 하나는 자신의 사업에 대해 명확하고 매력적인 비전을 쓰게 하는 것이다. 목적지를 분명하게 알고 현실에 발을 단단히 딛고 있을 때 우리는 최선의 결정을 내릴 수 있다. 삶에 대해서도 마찬가지이다.

제2장 '인생 계획서란 무엇인가'에서 설명했듯이 인생 계획서는 세 가지 강력한 질문에 대한 대답이다. 우리는 이미 처음 두 질문에 답했으니 이제는 세 번째 질문에 답할 차례이다. '어떻게 하면 지금 이곳에서 내가 원하는 그곳으로 갈 수 있을까?' 이렇게 바꿔 말할 수도 있다. '어떻게 하면 내가 가야 할 경로를 적절하게 그릴 수 있을까?' 우리는 인생 계정 각각을 다섯 가지 섹션으로 나누는 방법을 추천한다.

섹션 1 목적 선언

이 섹션에서 당신은 각 인생 계정의 목표에 대해 진술한다. 당신은 어떤 목표를 정할 것인가? 이렇게 생각해보라. 지금 당신이 하나의 계정을 할당받았다고 상상해보라. 당신이 가장 우선시하는 책무는 무엇인가? 당신의 역할은 무엇인가? 그것이 당신의 목표이다.

예를 들어 존[Jon]은 그의 건강 계정에 이렇게 썼다.
- 나의 목표는 신이 나에게 주신 사원을 잘 유지하고 돌보는 것이다.

준[June]은 배우자 계정에 이렇게 썼다.
- 나의 목표는 앤디[Andy]에게 평생 하나뿐인 사랑이자 가장 충실한 응원군, 소울메이트가 되는 것이다.

스튜어트[Stuart]는 친구 계정에 이렇게 썼다.
- 내 목표는 나를 사랑하고, 나에게 도전 의식을 북돋우고, 나에게 책임을 묻는 소수의 사람들과 친구가 되고 그들을 사랑하는 것이다.

섹션 2 발전화된 미래

여기서는 계정의 '순자산이 플러스'일 때 그 계정이 어떤 모습일지를 묘사한다. 재정 계좌라면 묘사하기가 쉽다. 숫자가 0 이상이면 좋은 것이고, 마이너스이거나 적자이면 안 좋은 것이다.

인생 계정에 대해 써보자. 당신은 계정의 상태가 가장 좋을 때를 묘사하면 된다. 이때 그것이 이미 현실이 된 것처럼 쓰는 것이 중요하다. 다음의 단계들을 밟다 보면 쓰기가 한결 수월하다.

당신을 미래의 시점에 세워라
사람들의 마음은 지금 있는 곳이 아닌 다른 곳에 가 있는 경우가 많다. 우리는 과거를 반복하고 미래에 집착한다. 이것이 저주처럼 느껴지곤 한다. 우리는 현재를 살고자 처절하게 애쓴다. 하지만 이러한 '시간 여행' 습관은 다르게 보면 우리의 장점이 될 수도 있다. 미래에 당신을 투사해보라. 3년 후든 10년 후든 적당한 미래의 시점을 선택하라. 중요한 것은 당신이 정말로 그 미래의 시점에 있다고 상상하는 것이다. 지금 거기에 가 있는가? 좋다. 이제 이 과정을 마칠 때까지 계속 거기에 있으라.

상상력을 유용한 방식으로 이용하라

우리 대부분은 잘못된 방식으로 미래를 상상한다. 우리는 걱정거리로 가득한 우울한 미래를 그리곤 한다. 이제는 긍정석인 가능성들을 의식적으로 시각화해보라. 당신이 미래를 상상할 수 있다면 더 나은 버전의 미래를 상상하는 것도 가능하다.

오감을 총동원하라

미래를 묘사할 때는 구체적으로 묘사하면 할수록 좋다. 당신은 미래를 보고, 듣고, 냄새 맡고, 맛보고, 만져봐야 한다. 당신이 오감을 최대한 활용할수록 상상 속의 미래는 보다 설득력 있게 다가올 것이다. 먼저 보이는 것부터 시작하라. 어떤 기관은 사람들이 그들의 제품을 사용했을 때 미래가 어떻게 바뀔지를 직원과 소비자, 투자자에게 보다 생생하게 보여주기 위해 짤막한 영상을 만들기도 한다.

코닝^{Corning}은 〈유리로 만들어진 날〉^{A Day Made of Glass〉LivingForwardBook.com}이라는 시리즈 영상을 만들었다. 마이크로소프트는 〈미래 생산성 비전〉^{Productivity Future Vision〉LivingFowardBook.com}이라는 시리즈 영상을 제작했다. 당신의 글을 영상으로 만들기는 힘들겠지만 감각을 총동원하여 최대한 생생하게 상상해볼 수는 있다.

당신이 본 것을 기록하라

   생각을 글로 옮기려면 생각이 명확해야 한다. 우리는 당신을 속이지 않겠다. 글을 쓴다는 것은 정말 어려운 일이다. 아마도 이것이 인생 계획서를 만드는 과정 중에서 가장 어려운 부분일 것이다. 하지만 글쓰기는 반드시 거쳐야 할 부분이다. 완벽하게 쓰려고 할 필요는 없다. 일단은 써야 한다. 한번 쓰고 나면 시간을 두고 뜯어고치면 된다. 하지만 우선은 쓰는 게 먼저다.

현재형으로 써라

   비전화된 미래가 가능한 한 사실적으로 설득력 있게 느껴지려면 당신이 바로 그 현장에 있는 것처럼 현재형으로 써라.

   예를 들어 '나는 날씬해지고 싶고, 강해지고 싶고, 생기 넘치는 건강과 멋진 몸매를 갖고 싶다'라고 쓰기보다는 '나는 날씬하고, 강하고, 생기 넘치는 건강과 멋진 몸매를 갖고 있다'라고 쓰는 것이 좋다.

   차이를 알겠는가? 아래 또 다른 예를 소개한다.

나는 빚을 청산할 것이다. 그리고 6개월치의 비상금을 확보하고 싶다. 또한 재정적으로 독립하고 싶다. 그래서 따로 돈을 더 벌지 않아도 현재의 생활 방식을 계속 유지할 수 있었으면 좋겠다. 빚을 갚고 목표를 달성하는 데 필요한 돈이 나에게 있었으면 좋겠다.

라고 말하는 대신 다음과 같이 말하라.

나는 완전히 빚을 갚았다. 나에게는 6개월치의 비상금이 있다. 나는 경제적으로 독립했기 때문에 돈을 더 벌지 않아도 현재의 생활 방식을 계속 유지할 수 있다. 나는 빚을 갚고 목표를 달성하는 데 필요한 돈이 있다.

위의 사례에서 양쪽의 진술 사이에 나타난 차이는 미묘하다. 하지만 글쓰기를 하나의 활동으로 본다면 엄청난 차이가 있다. 미래를 미화해서 그리는 것은 그 자체로 별다른 효과를 낳지 못한다. 하지만 분명하고 설득력 있는 언어로 미래를 묘사하는 순간 우리의 정신은 그것을 현실로 만들기 위해 노력하기 시작한다. 지금 우리가 있는 곳과 우리가 바라보는 곳 사이의 거리를 좁히려는 의식적인 노력이 발동하는 것이다. 우리는 구체적인 계획을 수립한 다음에 취할 행동을 결정한다. 정말 중요한 것은 우리가 목표를 달성할 수 있다고 믿는 것이다. 우리가 할 수 있다고 믿으면 우리의 무의식이 깨어나 문제를 해결하고 올바른 방향에 집중하기 시작한다. 우리가 목표를 달성할 수 있다고 확신할수록 목표 달성에 필요한 변화를 만들 가능성이 더 높아진다.[1]

나(마이클)는 이 다섯 가지 단계에 따라 건강 계정에 대해 이렇게 썼다.

나는 날씬하고, 강하고, 생기 넘치는 건강과 멋진 몸매를 소유하고 있다. 나의 심장은 강하고 건강하다. 나의 동맥은 유연하고 막힌 곳이 없다. 나의 자가면역 체계는 훌륭한 상태이다. 나는 질병, 감염, 알레르기에 강하다. 나의 에너지는 맡은 업무를 완수하고도 남는다. 그것은 내가 집중해야 할 때 잘 집중하고, 일주일에 6일을 운동하고, 건강한 음식을 먹고, 필요한 영양보충제를 섭취하고, 적당한 휴식을 취하기 때문이다.

나^{대니얼}는 건강 계정에 이렇게 썼다.

65세가 된 나는 군살 없는 탄탄한 몸을 갖고 있으며, '후드 투 코스트'를 달릴 수 있고, 서핑을 하며, 손자들과 잘 놀아줄 수 있다. 나는 에너지가 가득 넘치며 세상을 떠나기 전까지 이 상태를 유지한다.

섹션 3 나에게 영감을 주는 글귀

당신의 목표와 공명하는 문장을 하나 찾아라. 당신에게 개인적으로 영감을 주는 것이면 무엇이든 좋다. 꼭 찾아야 하는 것은 아니지만 어떤 사람들의 경우 글귀가 큰 도움이 된다. 시구여도 되고 격언이나 명언도 좋다. 당신을 강력하게 설득하는 문장이면 된다.

수전^{Susan}은 일 계정에 영감을 주는 글귀로 영국의 교육자이자 철학자인 로런스 피어설 잭스^{Lawrence Pearsall Jacks}의 문장을 선택하여 다음과 같이 각색했다.

삶의 기술을 터득한 삶의 장인은 일과 유흥, 노동과 여가, 정신과 육체, 정보와 재창조, 사랑과 종교 사이에 큰 구분을 두지 않는다. 그는 이것들을 구별하지 않는다. 그는 무엇을 하든 탁월함이라는 자신의 비전을 추구할 뿐, 남들이 그의 활동을 어떤 한쪽으로 규정하든 말든 내버려둔다. 그에게는 두 가지 활동이 분리될 수 없는 하나의 활동과 마찬가지이다.[2]

존[John]은 건강 계정에 영감을 주는 문장으로 기독교 지도자인 조이스 마이어[Joyce Meyer]의 말을 인용했다.

당신이 가족과 세상에 줄 수 있는 가장 위대한 선물은 건강한 당신입니다.[3]

나[대니얼]는 자기 계발 계정에 영감을 주는 문장으로 다음의 격언을 사용한다.

당신의 귀를 지혜에 내어주고 당신의 마음을 이해로 향하게 하라.[4]

어떤 일을 하는 방식에 있어 옳고 그름은 없다. 중요한 것은 당신에게 영감을 주는 대상을 찾는 것이다.

섹션 4 현재의 현실

이제는 내 자신에게 정직해질 시간이다. 당신이 상상한 미래를 기준으로 봤을 때 당신은 어디에 있는가? 적당히 넘어가려고 하지 마라. 당신이 정직하면 할수록 더 많은 진전이 있다. 하지만 낙담하지는 마라. 인생 계획서를 만드는 건 어디까지나 당신의 현 상태를 다음 수준으로 끌어올리기 위해서이다.

그냥 간략하게 몇 가지를 목록으로 작성해보길 바란다. 너무 많이 분석하려 하지 말고 그냥 머릿속에 가장 먼저 떠오르는 것들을 써보라. 예를 들어 다음은 내^{마이클}가 한참 전에 건강 계정에 썼던 것이다.

- 나는 몸이 가뿐하며 강한 체력을 소유하고 있다. 오랫동안 아프지 않고 건강을 유지해왔다.
- 나는 체중과 몸매에 만족한다.
- 나는 일주일에 4일, 한 번에 적어도 60분씩 달린다 ^{또는 여러 운동을 돌아가며 한다}.
- 나는 현재 근력 강화 운동을 지속적으로 하고 있지는 않지만 언젠가는 그것을 해야 한다고 생각한다 ^{나이가 들수록 근력이 특히 중요하다는 것을 알고 있기 때문이다}.
- 나는 잘 먹고 있다. 다만 고혈당 탄수화물은 꾸준히 피해야 한다.

계속해서 더 보여줄 수도 있지만 사실 너무 개인적인 내용이라 여기까지만 공개한다. 당신의 이야기도 내밀하게 쓰길 바란다. 이것은 공개적으로 소비하기 위한 것이 아니다. 현실적이고 정직하게 쓰는 대신 예를 들면 코치와 같은, 보여줄 명분이 있는 한두 명에게 목록을 보여줄 수는 있다.

섹션 5 구체적인 약속들

여기서는 당신이 구상한 미래로 나아가기 위해 노력해야 할 구체적인 행동들을 약속할 것이다. 다시 한번 말하지만 이것들을 간략한 목록으로 작성할 것을 추천한다. 이것들은 그 자체로 목표는 아니지만 마치 목표처럼 기능하며 스마트SMART해야 한다. SMART는 자주 사용되는 머리글자로 강사에 따라 여러 가지 다른 방식으로 해석된다. 당신의 구체적인 약속들이 다음의 다섯 가지 기준SMART을 충족시킬 수 있으면 좋다.

· **Specific** 구체적이다

당신의 목표들은 당신이 약속하는 바를 최대한 구체적으로 밝혀야 한다. 약속이란 일정을 세울 수 있는 타협 불가능한 규율을 말한다. 달력에 개별적으로 표시할 수 있을 정도로 명확해야 한다.

- **Measurable** 측정 가능하다

  격언에 있듯 '측정할 수 없는 것은 관리할 수 없다'. 가능하면 결과를 수량화하라. 당신이 약속을 이행했는지 안 했는지 확실하게 기록하라.

- **Actionable** 실행 가능하다

  모든 약속을 행동 동사로 시작하라. 예를 들어 '이다' '있다' '가지다'와 같은 상태 동사들 대신에 '그만두다' '달리다' '끝내다' '제거하다' 등을 사용하라.

- **Realistic** 현실적이다

  이 부분은 조심해야 한다. 좋은 약속은 당신의 능력을 최대한 발휘하게 해야 하지만 상식적인 선을 지킬 필요가 있다.

- **Time-bound** 시간을 정하다

  모든 약속에는 일정한 기간을 정해야 한다. 목표와 달리 마감 기한을 꼭 정할 필요는 없지만, 명확하지는 않더라도 간단하게 빈도라도 표시해야 한다.

나^{마이클}는 건강 계정에 다음과 같은 구체적인 약속을 썼다.

- 일주일에 4일을 달린다. 혹은 여러 운동을 번갈아 한다.

- 일주일에 3일은 근력 운동을 한다.
- 하루에 4리터의 물을 마신다.
- 《사우스 비치 다이어트 The South Beach Diet》에서 추천하는 것처럼 건강한 음식을 선택한다.
- 먹은 모든 음식을 마이피트니스팰 MyFitnessPal: 칼로리 섭취량과 운동량을 기록해주는 앱에 매일 기록한다.
- 1년에 한 번 정기검진을 받고 1년에 두 번은 치과 검진을 받는다.

나 대니얼는 아내 셰리를 위한 계정에 다음의 약속들을 썼다.

- 매일 잠자리에 들기 전, 셰리와 함께 기도한다.
- 매일 잠자리에 들기 전, 30분 동안 그녀와 소통하는 시간을 갖는다. 그녀에게 용기를 주고, 칭찬하고, 존경하고, 지지하고, 수용하고, 사랑하는 데 시간을 할애한다. 이 시간만큼은 그 어떤 방해 없이 그녀와 얼굴을 마주하고 서로에게 귀 기울이는 시간을 갖는다.
- 매주 셰리와 데이트한다. 데이트는 주중 아침이나 점심, 저녁, 밤 중 아무 때나 상관없다. 단, 우리 단둘이서만 보내는 시간이어야 한다. 매주 월요일 오후 데이트를 하고, 하루는 밤에 한 번 한다.
- 매달 셰리와 함께 1박 일정으로 여행을 간다.
- 해안에서 보내는 안식 기간에 셰리를 초대하고 그녀가 나와 함께 갈 수 있도록 아이들을 돌봐줄 사람을 찾는다.

- 셰리가 알리^{Allie}, 셰릴^{Sheryl}, 탈리아^{Talia}와 함께 여행을 다녀올 수 있도록 돕는다.
- 특별한 결혼기념일이 되도록 6월 1일 전에 계획을 세운다.
- 매일 그녀가 애정과 친밀함을 느낄 수 있도록 노력한다.

완성된 실행 계획서의 형태를 보여주기 위해 두 가지 사례를 가져왔다. 기억하라. 보여주는 실행 계획서는 하나의 지침일 뿐 똑같이 따라 해야 할 교리가 아니다. 어디까지나 당신이 실행 계획서를 세울 때 참조용으로 사용하라.

다음은 모니카의 휴식 계정에 대한 실행 계획서이다.

실행 계획서

계정 명: 휴식

목적 선언: 내 목표는 외부의 지나친 요구들 탓에 나에게 중요한 것들인 '나의 마음' '가족과의 교류'가 방해받지 않도록 노력하는 것이다.

비전화된 미래: 나는 휴식을 위한 시간을 갖는다. 나를 가장 필요로 하

는 사람들에게 최선을 다하기 위해 밤, 주말, 휴가 기간에 재충전을 한다. 나는 일정을 알아서 잘 조율하며 저녁마다 가족과 시간을 보내거나 개인적인 시간을 가짐으로써 몸을 회복한다. 아내 론Ron과 계절마다 한 번은 아이들을 두고 둘이서만 긴 주말여행을 떠난다. 아이들과는 봄과 가을에 여행을 간다.

영감을 주는 글귀: '우리는 우리에게서 떼려야 뗄 수 없는 일에서 가끔 벗어날 필요가 있다.' _ 마야 안젤루Maya Angelou, 미국의 시인이자, 소설가

현실
- 저녁에 일을 너무 많이 한다. 아이들을 위해 시간을 내긴 하지만 론과 시간을 보내기보다는 이메일하는 데 시간을 더 많이 보낸다.
- 매일 5~6시간밖에 자지 못한다.
- 토요일과 일요일은 대부분 일을 하지 않는다.
- 공원에서 점심을 먹는다. 이 시간은 잠깐이지만 모든 것을 내려놓고 재충전할 수 있는 기회가 된다.
- 론과 나는 지난해에 계절별 여행을 두 번밖에 가지 못했다.

구체적인 약속
- 저녁에 이메일하는 시간을 15분으로 제한한다.
- 자는 시간을 일곱 시간으로 늘리고 계속 지킨다!

- 날씨가 허락하는 한 계속 공원에 가서 점심을 먹는다.
- 적어도 석 달 동안은 2주에 한 번 론과의 밤 데이트를 계획한다.
- 론과의 계절별 여행 일정을 1년 전부터 계획한다. 10월 15일까지 마친다.
- 매주 토요일마다 오후 1시에서 3시까지 낮잠 시간을 확보한다.

다음은 마크의 재정 계정에 대한 실행 계획서이다.

실행 계획서

계정 명: 재정

목적 선언: 나의 목표는 나에게 맡겨진 재정 자원들의 훌륭한 관리자가 되는 것이다.

비전화된 미래: 그레첸Gretchen과 나는 돈에 대해서는 전혀 걱정하지 않는다. 우리는 예산을 지키면서도 즐거움을 위해 화끈하게 쓴다. 빚이 없으며 재정적으로 독립한 상태다. 우리는 즉각적인 의무들을 해결하고 장기적인 목표들을 달성하는 데 필요한 모든 자원을 갖고 있다. 일자리를 잃었을 때를 대비해 6개월치에 해당하는 비상금을 준비해두었다. 우리는 생활하기에 충분한 자원을 갖고 있기 때문에 자선단체에도

기부한다.

영감을 주는 글귀: '당신은 당신의 돈을 통제할 수 있어야 한다. 돈이 부족하면 당신은 평생 돈에 지배당할 것이다.' _ 데이브 램지 Dave Ramsey

현실
- 계획한 예산을 그대로 따른다.
- 매월 수입의 10%를 기부한다.
- 한 달 지출과 기부금, 퇴직 연금을 내면 남는 돈이 한 푼도 없다.
- 2개월치의 비상금을 저축했다.
- 내년 초에 차 한 대를 새로 구입할 예정인데 지금까지 저축한 돈이 6800달러밖에 안 된다.

구체적인 약속
- 해를 넘기기 전까지 1개월치에 해당하는 비상금을 더 만든다.
- 한 달 지출에서 적어도 200달러를 줄이고 그만큼을 다음 달부터 비상금에 넣는다.
- 자동차 구매를 위해 매월 250달러씩 저축한다.
- 일요일 밤 8시에서 9시 사이에 그레첸과 함께 예산과 지출을 검토한다.

당신의 인생 계정에도 이러한 실행 계획서를 작성해보라.

매일 모래 한 알씩을 옮겨보자

우리의 친구이자, 저자 및 임원 코치로 활동하고 있는 헨리 클라우드 Henry Cloud 박사가 한창 박사 논문을 쓰고 있을 때였다. 어떤 사람이 그에게 개미 사육장을 하나 주었다. 별난 선물이었지만 클라우드는 그것을 받아서 적당한 곳에 놓았다. 얼마 되지 않아 개미들은 유리 사육장 안의 이곳저곳에 모래를 쌓아놓기 시작했다.

처음에 클라우드는 개미들이 왜 그런 행동을 하는지 정확하게 알 수 없었다. 며칠 후 클라우드는 그 이유를 분명하게 알 수 있었다. 그의 눈앞에는 땅굴이 형태를 갖춰가고 있었다. "그러고는 조금 있으려니까 개미 도시 하나가 완성되어 있더라고." 클라우드가 말했다. 개미 한 마리 한 마리가 한 번에 모래 한 알씩을 옮겨서 정말로 인상적인 결과물을 만들어낸 것이다.

논문을 마치기 위해 클라우드에게 필요했던 것은 영감과 지침이었다. 그리고 이것은 우리에게도 유용한 교훈이 될 수 있다. 실행 계획서를 작성할 때 당신은 점진적인 변화의 힘을 무시하기가 쉽다. 어떤 사람들은 의미 있는 결과를 성취하려면 엄청난 행동이 필요하다고 생각한다.

과감한 행동이 필요할 때도 있다. 어떤 결과를 얻기 위해서는 그런 행동을 해야 할 때가 분명 있다. 그러나 일을 너무 크게 벌이면 의욕을 잃고 시작하기도 전에 포기해버리기 십상이다. 그런 실수를 하지 마라! 어쩌면 당신도 클라우드처럼 논문을 완성해야 하는 상황인지도 모르겠다. 아니면 꽤 많은 몸무게 감량이 목표일 수도 있고, 상당한 액수의 돈을 저축하려는 목표가 있을 수도 있고, 골프 기록을 향상하고픈 욕구가 있을 수도 있고, 외국어를 배우고 싶을 수도 있다. 당신이 어떤 목표를 갖고 있든 간에, 매일 조금씩 투자하는 것이 결국에는 큰 결과를 가져올 수 있다. 매일 모래 한 알씩만 옮겨보자.

당신이 창의력을 발휘할 수 있도록 아래 몇 가지 사례를 소개한다.

몸무게 줄이기

몇 년 전 나^{마이클}는 6개월 동안 5킬로그램을 감량했다. 한 친구는 1년 동안 약 35킬로그램 넘게 감량했다. 우리는 둘 다 아이폰에 있는 무료 앱 루즈잇^{Loselt}을 사용했다. 우리가 살을 빼기 위해한 일이라곤 매일 무엇을 먹었는지 기록한 것뿐이었다. 우리는 점차 매일 무엇을 먹고 있는지 인지하게 됐고, 저절로 더 건강한 음식을 선택하게 되었다. 일상의 사소한 결정들이 축적되면 그 힘은 엄청나다!

건강

나^{대니얼}의 친한 친구 한 명은 50세 이상의 나이대에서는 미국 내 상위권에 드는 철인 3종 경기 선수이다. 하지만 그가 항상 멋진 몸매로 살아온 것은 아니었다. 7년 전까지만 해도 그는 마라톤을 한 번도 해본 적이 없는 평범한 사람이었다. 나는 그의 첫 번째 경주를 도왔고 그 이후 이어진 다른 경주들도 도왔다. 그는 마라톤, 수영, 사이클 시간을 안배하여 매일 골고루 훈련했다. 그 결과 마침내 악명 높은 하와이 철인 대회^{Hawaiian Ironman}에 나갈 준비를 마칠 수 있었다. 그는 일상을 조금씩 바꿔나감으로써 자신의 건강과 결혼 생활까지도 변화시켰다. 이제는 그의 아내도 철인 3종 경기에 함께 출전하여 그와 겨룬다.

수익 가능성 향상시키기

내^{마이클}가 출판사를 운영했을 적에 우리는 12개월 안에 이윤을 2퍼센트 향상시킨다는 목표를 세웠다. 다시 한 분기마다 0.5퍼센트의 수익 성장률을 달성한다는 세부 목표를 설정했다.

목표를 작은 단위로 쪼개자 매우 실용적인 조치를 실행할 수 있게 되었다. 우리 팀은 가격 인상과 지출 관리를 통해 결과적으로 100만 달러가 넘는 이윤 향상을 그해 달성했다.

빚 갚기

한 친구는 개인적인 빚을 모두 청산하고 싶어 했다. 그녀는 한 방에 해결하는 방법을 선택하지 않았다. 그녀는 예산을 세우고, 부수입을 벌 수 있는 기회를 붙잡았으며, 고급 커피를 비롯한 불필요한 지출을 줄였다. 그녀는 자산 전문가인 데이브 램지가 말한 '눈덩이 빚 없애기'^{데이브 램지의 돈 관리 2단계로 철저하게 예산을 세우고 작은 빚부터 갚아나가며, 빠르게 빚 청산을 해나갈 발판을 마련하는 방법}라는 전략을 적용했다. 그녀는 처음에 가장 작은 빚부터 갚아나가기 시작했고 갈수록 점점 더 큰 빚을 갚아나갔다. 결국 12개월도 안 되어 빚 1만 5000달러를 모두 갚았다.

결혼 생활

10년 전쯤 셰리와 나^{대니얼}는 네 번째 자녀를 갖게 되었다. 그때 우리는 결혼 15년 차였고 첫째 아이는 벌써 십 대 초반이었다. 이 시기에 우리의 삶이 충만했다고 하기는 어렵다. 안타깝게도 당시 우리 사이는 전만큼 친밀하지 못했다. 그래서 월요일 점심마다 데이트를 하기로 했다. 서로의 일주일 스케줄, 아이들 등에 대해 이야기하면서 서로 간에 리듬을 맞추고 친밀함을 쌓았다. 점심에 이런저런 생활의 문제들을 처리하고 나니 밤을 보다 즐겁게 보낼 수 있는 시간과 여유가 생겼다. 9년이 지난 지금에 와서 생각해보면 당시 월요일 점심 데이트라는 규칙적인 노력이 오늘날의 건강한 결혼 생활을 만들었다고 믿는다.

당신이 약속을 구체화하고 점진적인 투자를 통해 목표를 달성하려는 의지를 갖고 있다면 우리는 당신이 무엇이든 할 수 있다고 믿는다. 일상 속의 사소한 결정과 수정이 우리 삶의 이야기를 구성한다. 그 사소한 행동이 중요한 것은 바로 이 때문이다. 실행 계획서는 당신이 점진적인 변화를 계획적으로 실천할 수 있도록 도울 것이다.

제7장
온전히 하루를 바쳐라

사람의 가슴속에 있는 계획은 깊은 강물과 같다. 하지만 분별 있는 사람은 그 강물을 길어 올린다.

_ **솔로몬** Solomon

호숫가 근처에 SUV 차량 한 대가 세워져 있다. 그리고 그 옆에 당신이 서 있다고 상상해보라. 트렁크 문은 활짝 열려 있고 그 안에 실린 커다란 궤짝의 뚜껑도 열려 있다. 이번에는 궤짝으로 다가가 안을 들여다보라. 그 안에는 100달러짜리 지폐가 가득 쌓여 있다.

모두 합해 300만 달러이다. 그 정도의 현금이면 물론 무거울 것이다. 특히 꽤 무게가 나가는 방수 궤짝에 넣었다면 합친 무게는 더더욱 무거울 것이다. 우리는 뚜껑을 잘 닫은 다음, 궤짝을 보트로 함께 옮겨달라고 당신에게 부탁할 것이다.

 우리는 당신의 도움에 고마움을 표한 후 당신을 물가에 혼자 남겨두고 호수 한가운데까지 노를 저어간다. 좀 멀긴 해도 보트에서 벌어지는 일들이 당신 눈에 또렷이 보인다. 우리는 궤짝의 양 모서리를 잡고 그것을 보트의 옆 난간에 얹힌 다음 시커먼 물 아래로 던진다! 이 장면을 본 당신은 자기 눈을 의심할 것이다. 몇 분 후 우리는 다시 물가로 돌아온다. 우리는 보트를 당신에게 맡기고 악수를 한 다음, 차를 타고 유유히 사라진다.

 이제 당신은 무엇을 할 것인가?
 가장 그럴듯한 시나리오는 이렇다. 당신은 휴대폰을 꺼내 가장 가까운 잠수 장비 가게를 알아본다. 그동안에도 당신의 시선은 우리가 궤짝을 던진 그 지점에 고정되어 있다. 그전에 어떤 계획이 있었던 간에 그것은 더 이상 문제가 되지 않는다. 모든 약속이 취소되고, 모든 회의가 연기되고, 전화하기로 한 것도 잊는다. 지출 보고, 해야 할 일들, 받은 메일 확인…… 이제는 상관없는 일이다. 당신의 모든 일정이 방금 바뀌었다. 지금 당신이 3백만 달러가 있는 장소를 안다면 다른 모든 일을 제쳐두고 그 돈을 찾으러 갈 것이다.

 만약 당신이 그 돈이 있는 지점에서 눈을 뗀다면, 갔다가 나중에 다시

온다면, 주변의 다른 무언가에 잠깐 한눈을 판다면, 당신은 그 돈을 얻게 될 기회를 영영 놓칠지도 모른다. 다시는 기회가 없을지도 모른다. 인생 계획도 마찬가지다. 우리는 인생 계획서를 만들 때 알아야 할 모든 것을 이미 당신에게 알려주었다. 당신이 그 보물을 건져 올리지 않고 계속 꾸물거리면 꾸물거릴수록 그 보물을 놓칠 확률이 높아진다. 행동할 타이밍은 바로 지금이다.

유명한 사업가이자 인생철학 강사인 짐 론Jim Rohn의 '의도성 체감의 법칙The law of diminishing intent'에 대해 들어봤다면 당신은 타이밍이 왜 중요한지 알 것이다. 의도성 체감의 법칙에 따르면 할일을 미루면 미룰수록 실제로 그것을 하게 될 확률은 줄어든다. 당신은 그 모든 감정적 에너지를 잃게 된다. 우리가 당신에게 2주 내에 하루 날을 잡아 인생 계획서를 만드는 게 좋다고 자꾸 말하는 것도 다 이런 이유 때문이다.

이것은 조금씩 나눠서 할 수 있는 일이 아니다. 이 장에서 우리는 다른 모든 일을 잠시 제쳐두고 하루를 통째로 확보하는 것이 왜 중요한지 설명하려고 한다. 우리는 이 중요한 날에 필요한 올바른 접근법과 이날을 위해 준비할 것에 대해서도 다룰 것이다. 하지만 제일 중요한 것은 '오늘이 바로 당신의 모든 것을 바꿀 수 있는 날'이라는 점이다.

오늘, 당신의 모든 것을 바꿀 수 있다

역사는 하루아침에 바뀐 적이 많다. 1776년 7월 4일, 대륙회의^{Continental Congress: 미국 독립혁명 당시 미국 13개 식민지의 대표자 회의}의 대표자 56명이 독립선언서를 승인하면서 세계의 역사가 바뀌었다. 1944년 6월 6일, 노르망디에 상륙한 연합군은 나치군에 군사적인 압박을 가하여 유럽의 자유를 되찾았다. 1963년 8월 28일, 선지자 마틴 루터 킹 주니어와 25만 명이 넘는 미국인이 워싱턴 DC를 행진했고 이로써 1964년에 민권법^{Civil Rights Act}이 제정되었다.

하루는 모든 것을 바꿀 수 있다. 이것은 국가에 대해서도, 개인에 대해서도 마찬가지다. 당신의 졸업과 결혼, 승진이 있었던 날들을 떠올려보라. 아니면 전혀 유쾌하지 않은 날들, 예를 들어 암을 진단받은 날, 결혼에 종지부를 찍은 날, 사랑하는 이를 잃은 날을 떠올려보라. 좋은 날이든 나쁜 날이든 간에 어떤 날들은 다른 날들에 비해 미래에 더 많은 영향을 미친다.

당신이 처음으로 인생 계획서를 만든 날도 분명 그렇게 될 것이다. 잘만 하면, 이 단 하나의 사건이 당신의 인생뿐만 아니라 다음 세대들의 인생에도 영향을 미칠 것이다. 당신이 상상한 것보다 더 많은 영향력을 갖게 될 결정들과 행동들을 촉발할 것이다.

인생 계획서가 지닌 중요성에도 불구하고 어떤 사람들은 하루 전체를 포기한다는 생각에 멈칫한다. 이들은 생각한다. '그런 거 할 시간이 있는 사람이 어디 있어?' 이들은 며칠 또는 몇 주에 걸쳐 점진적으로 인생 계획서를 만들고 싶어 한다. 하지만 인생 계획서 과정을 진행하면서 수천 명의 사람을 지도한 결과 이러한 접근법은 효과가 떨어진다. 가장 효과가 높은 방법은 몇 주에 걸쳐 만드는 것도 아니고, 이틀에 걸쳐 만드는 것도 아니다. 인생 계획서가 제대로 된 효과를 발휘하려면 반드시 하루 안에 만들어야 한다.

솔로몬은 말했다. "사람의 가슴속에 있는 계획은 깊은 강물과 같다. 하지만 분별 있는 사람은 그 강물을 길어 올린다." 호수에 잠긴 궤짝처럼, 가치 있는 계획들과 소망들이 우리 가슴 깊은 곳에 묻혀 있다.[1]

하지만 안타깝게도 대부분의 사람들은 그것들을 길어 올리지 못하고, 그것들이 가져올 풍요로운 삶을 누리지 못한다. 사람들은 다른 곳에 정신을 팔고, 초점을 잃고, 포기한다. 오직 현명한 사람만이 보물을 찾아낸다. 우리는 앞서 《구약성서》〈시편〉의 심오한 말을 인용했었다. "우리에게 우리 날 계수함을 가르치사 지혜로운 마음을 얻게 하소서." 당신이 사랑하는 사람들, 가족과 친구들 그리고 이 세상에 영향을 줄 수 있는 날들은 결코 무한하지 않다. 현명한 사람은 주어진 날들이 줄어들고 있다는 사실을 알고 따라서 무슨 일을 해야 하는지 안다.

앞서 말했듯이 인생 계획서는 견인력을 필요로 한다. 인생 계획서를 만들 때는 당신의 머리만 움직여서는 안 되고 당신의 가슴까지 움직여야 한다. 그렇지 않으면 당신이 만든 인생 계획서는 당신의 미래를 미화한 것에 불과한 종잇조각이 되고 말 것이다. 그런 종잇조각을 가지려 할 사람이 누가 있겠는가? 인생 계획서가 강한 견인력을 지니려면 일단 계획서 전체를 한 번에 조망해봐야 한다. 여러 번에 걸쳐 부분부분만 봐서는 불가능하다. 당신이 금요일 오후 2시에서 3시 사이에 당신의 묘비명을 쓰면서, 그다음 주 목요일까지 당신의 인생 계정들을 쓰지 않는다면, 결국 처음의 감정적인 동력을 잃어버리게 될 것이다.

그렇게 돼선 안 된다. 이만큼 의미 있는 것에는 몰입해볼 만한 가치가 있다. 인생은 몰입을 방해하는 것들로 가득 차 있다. 인생 계획서를 작성하는 동안은 우리 관심을 요구하는 것들로부터 벗어나야 한다. 당신의 삶, 당신의 전 일생에 대해 생각하는 것은 일상적인 업무를 해결하는 것과는 천지 차이다. 인생을 계획하는 데는 어느 정도의 시간 투자가 필요하다. 그리고 주의 집중을 요한다. 당신이 이제까지 어떤 길을 왔는지 그리고 어디로 가고 있는지에 대한 생각에 몰입해서 결과를 얻으려면 꼬박 하루는 필요하다.

이것은 단순한 지적 활동을 의미하는 것이 아니다. 당신이 하루를 다 쓰지 않고 몇 시간 안에 끝내려고 한다면 당신은 이 창조적인 과정을 경험할 기회를 잃는 것이다. 인생 계획은 근본적으로 더 나은 미래를 상상해야 한다. 인생 계획은 당신 안에 갇혀 있던 생각을 자유롭게 해주고, 당신의 가장 깊은 곳에 있는 욕망을 두드리고, 가능성의 땅에 발을 딛는 것과 같다. 당신에게는 각각의 인생 계정을 작성하고, 그것을 전체와의 관계 속에서 바라보고, 그것이 어떤 형태로 실현될지 상상해볼 시간이 필요하다.

한마디로 이날은 당신의 일생에서 가장 중요한 날이다. 당신이 인생의 모든 면을 검토해보고 싶다면 그것에 완전히 몰입하는 것이 좋다. 집중하면 할수록 보다 효과적인 결과물이 나온다. 이제는 당신이 결정을 내렸으면 한다. 당신은 인생 계획서를 만들기 위해 아침 8시부터 오후 5시까지 꼬박 하루라는 시간을 낼 텐가? 당신의 대답은 어느 쪽인가?

'하지만'은 이제 그만

온전한 하루를 인생 계획서에 투자할 것에 반대하는 사람들은 보통 다음의 다섯 가지 변명들 중 하나를 들곤 한다. 여러분이 그렇게 나올까 봐 바로 준비했다.

하지만 나는 너무 바빠. 이것은 그냥 어떤 일을 하고 싶지 않은 사람들이 써먹는 만능 답변이다. 당신은 바쁘다. 그건 다른 사람들도 다 마찬가지다. 무슨 말인지 안다. 그럼에도 사람들은 자신에게 중요한 것이라면 시간을 낸다. 진짜 문제는 당신에게 인생 계획이 중요한가 아닌가이다. 당신이 바쁘면 바쁠수록 계획적으로 살아야 한다. 그렇지 않으면 표류하다가 원하지 않은 곳에 도달할 가능성이 커진다.

하지만 나에겐 감당할 여유가 없어. 아마도 당신은 휴가를 낼 수 없거나 유급 휴가를 낼 수 없는 곳에서 일하는지도 모르겠다. 인생 계획에 하루를 바치게 되면 그만큼 수입이 줄거나 기회를 놓칠 수도 있다. 당신은 인생 계획에 하루 전체를 바칠 생각이 있긴 하지만 그로 인해 발생하게 될 비용을 감당하기가 어렵다. 이런 사람들을 위해 몇 마디 하자면, 먼저 당신은 이것을 주중에 하지 않아도 된다. 당신이 보통 쉬는 날에 하면 된다. 그러면 당신은 따로 휴가를 내지 않아도 된다. 하지만 당신이 휴가를 내야 할 상황이라면 이것을 비용이라기보다는 투자라고 생각하기를 권한다. 인생에 대한 작전을 세우는 것 말고 당신의 시간을 더 잘 사용할 수 있는 일이 뭐가 있겠는가?

하지만 나는 작가가 아닌걸. 인생 계획서는 소설이 아니다. 이 글은 출판되지 않을 것이다. 사실 당신은 그것을 누군가에게 보여줄 필요도 없다. 가까운 친구, 코치, 당신이 계획한 삶을 살 수 있도록 도와줄 누군가에게 인생 계획서를 보여주기로 한 경우는 제외다. 이것은 순수하게 당신 혼자만의 소비를 위한 것이다. 당신이 인생에 대해 생각할 수 있다면 글로 옮기는 것도 불가능한 일은 아니다. 그냥 머릿속에 있는 것을 쏟아내라. 당신이 해야 할 일은 단지 당신의 머릿속에 있는 것을 끄집어내서 종이 위에 옮겨놓는 것이다. 직접 손으로 쓰든 타자를 치든 그것은 상관없다.

하지만 내 상사가 안 된다고 할 거야. 당신은 상사의 허락을 구할 필요가 없다. 당신이 인생 계획서 쓰는 날에 휴가를 내거나 월차를 내도 상사는 신경 쓰지 않을 것이다. 물론 상사가 인생 계획서라는 개념을 믿고 확신한다면 더 큰 생산성으로 이어질 것이다^{제10장 참고}. 상사는 기쁜 마음으로 당신에게 휴가를 주거나 심지어는 근무 시간에 그것을 완성하게 해줄 수도 있다.

하지만 나의 배우자가 안 된다고 할 거야. 배우자가 당신이 인생 계획서 작성을 위해 휴가를 내는 것에 반대할 수도 있다. 그것은 배우자가 아직 그것의 가치를 잘 모르기 때문이다. 사실 당신의 배우자야말로 인생 계획서의 가장 즉각적이고 직접적인 수혜자이다. 배우자를 직접 설득하려고 하기보다는 이 책을 읽어보게 하라. 그러고 나면 배우자도 당신이 하루의 시간을 어떻게 확보할 수 있을지 함께 고민해줄 것이다.

실제로 가치가 있는 것들은 모두 반대에 부딪힌다. 소설가 스티븐 프레스

필드^{Steven Pressfield, 영화 〈300〉의 원작자}는 이것을 '저항^{Resistance}'이라고 부른다.² 뭔가를 향상시키려 하거나 의미 있는 프로젝트를 시도하려고 하면 장애물과 만나게 된다. 인생 계획서를 만드는 것도 다르지 않다. 때로 이런 장애물은 외부에서도 나타나지만 내부에서 나타날 때가 더 많다. 장애물이 어디서 나타나든 중요한 것은 당신이 구상한 미래에 의미와 설득력을 부여하는 것이다. 그러면 당신은 그 미래를 성취하고자 저항을 극복하려고 할 것이다.

인생 계획의 날을 준비하는 방법

인생 계획의 날이 생산적인 날이 되느냐 아니냐는 당신이 얼마나 잘 준비하는가에 달려 있다. 우리는 다음의 다섯 가지 단계를 추천한다.

1. 달력에 시간을 박아놓으라

하루의 구멍이 생기길 마냥 기다리기만 하면 그런 날은 절대로 오지 않는다^{우리가 이것을 어떻게 아는지는 묻지 마라}. 그리고 그때쯤이면 당신 안에도 의욕이 사라지고 없을 것이다. 기억하라. 한 번 잡은 일정은 반드시 수행되어야 한다.

'계획의 날'을 달력에 표시하고 그것을 중요한 약속으로 대하라. 누군가가 당신에게 그날 뭐 하냐고 물어보면 당신은 이렇게 말할 권리가 있다. '미안하지만 그날은 중요한 약속이 있어요. 다른 날은 어때요?'

2. 어디로 갈지 결정하라

당신은 익숙한 환경에서 벗어날 필요가 있다. 방해받지 않을 수 있는 곳이어야 한다. 직장이나 집은 좋은 선택지가 아니다. 당신에게는 관점의 변화가 필요하다. 보통은 주변 풍경의 변화를 말한다. 그렇다고 이국적인 곳이나 비싼 곳에 갈 필요는 없다. 우리는 주립 공원이나 저렴한 호텔방, 공공 도서관, 친구의 별장 등에서 인생 계획서를 만들었다.

예를 들어 우리가 아는 베스Beth라는 여성은 비싸지 않은 바닷가 수양修養 센터에 간다. 그곳에 가면 그녀의 마음은 자연스럽게 스스로를 돌아보고 계획할 준비가 된다. 그녀는 그곳에서 하루 동안 쉬면서 내년을 맞이할 준비를 마치고 돌아온다.

또 다른 예로 리처드Richard는 포시즌스호텔Four Seasons에 간다. 그는 하루 동안 계획서를 쓴 다음 아이들은 집에 두고 아내만 초대해서 함께 저녁을 먹고 하룻밤을 묵는다. 그가 처음 인생 계획서를 만들기로 결심한 이유는 당시 그의 결혼 생활이 썩 좋지는 않았기 때문이었다. 그는 한 번 그렇게 하루를 보낸 후 결혼 생활을 다시 바른 경로로 되돌릴 수 있었다.

우리는 야외를 선호하지만 그것이 항상 가능한 것은 아니며 꼭 그래야 할 필요도 없다. 중요한 것은 조용한 장소를 찾는 것이다. 집중이 흐트러지지 않을 수 있고 방해받지 않을 수 있는 곳이면 된다. 마음이 자유로워지는 곳, 즉 당신의 창의력, 감수성, 마음속의 깊은 욕망들의 목소리를 마음껏 끄집어낼 수 있는 장소도 좋다.

3. 필요한 물건을 챙겨라

뭐가 많이 필요하지는 않겠지만 필기도구를 비롯하여 몇 가지 물건이 필요하긴 하다. 펜과 노트 또는 다이어리가 필요하다. 어떤 사람들은 쓰기가 머리와 가슴을 연결시켜주고 큰 꿈을 품을 수 있게 해준다는 것을 깨닫는다. 또 다른 사람들은 노트북 컴퓨터를 선호한다. 우리는 마이크로소프트 워드용 템플릿과 아이워크 페이지용 템플릿을 만들어 LivingForwardBook.com에 공유해놓았다. 웹사이트에 가서 당신에게 가장 맞는 것을 찾아보라.

당신의 정신을 또렷하게 해주고 신체를 편안하게 해줄 수 있는 환경을 확보하라. 상황에 맞는 옷, 물, 간식 등등. 또한 당신에게 영감을 주는 배경 음악을 틀어놓을 수도 있다. 많은 사람의 말에 따르면 특히 영화 배경 음악과 포커스앳윌 Focus@Will: 생산성을 향상시켜주는 연주 음악 목록을 제공하는 서비스 재생 목록이 도움이 된다고 한다.

4. 모든 통신수단을 과감하게 차단하라

　전화, 인터넷, 앱 등 전부 사용하지 마라. 단, 당신의 인생 계획서를 작성하는 데 필요한 것이면 괜찮다. 우리는 당신에게 하루 동안은 통신수단을 꺼보길 제안한다.

　이것이 얼마나 힘든 일인지 우리도 안다. 우리는 외부와의 연결을 유지하고 싶은 유혹과 싸운다. 하지만 장담하건대 통신을 전부 끊는다고 죽지는 않는다. 첫 한 시간 동안은 조금 힘들 수 있다. 이메일이나 이런저런 소셜미디어 계정을 확인하고 싶은 욕구를 참기 어려울 것이다. 하지만 당신이 계속 저항하면 그러한 욕구는 지나가게 돼 있다. 그리고 나면 당신의 정신은 오랫동안 하지 못했던 '집중'을 할 준비를 갖추게 된다.

　통신을 차단함으로써 당신은 깊이 있게 스스로를 돌아볼 수 있게 된다. 이것은 실용적이면서도 영감이 넘치는 인생 계획서를 만드는 데 반드시 필요하다. 이메일을 확인하고 임시적인 해결책에 자족하면 인생 계획서를 만들지 못한다. 이러한 방해 요소들은 당신이 진정으로 무엇을 원하는지, 당신이 그것을 어떻게 성취할 것인지를 깊이 들여다보지 못하게 만든다.

5. 당신의 가족과 동료들을 이해시켜라

　가족이나 동료들의 입장에서는 당신에게 정당한 요구 사항이 있을 수 있다. 그리고 당신은 거기에 응답하는 데 익숙할 것이다. 하지만 당신이 응답할 수 없는 상황이라면 그들이 8~10시간을 못 기다릴 이유는 없다.

중요한 것은 그날 당신과 연락이 안 될 것이라고 사람들에게 미리 예고를 하는 것이다. 세세하게 설명할 필요는 없다. 그냥 거의 하루 동안은 당신에게 연락할 수 없다고 말하라. 당신의 부재가 팀에 지대한 영향을 미치는 경우에는 당신이 통신을 차단하기도 전에 팀이 당신을 필요로 하는 상황이 발생할 수도 있다. 만약의 경우를 위해 대비책을 만들어두는 것도 좋다.

사람에 따라 이것 말고도 인생 계획의 날에 준비하고 싶은 다른 것들이 있을 수도 있다. 하지만 이 다섯 가지만 준비를 잘해도 그날을 순조롭게 보낼 수 있다. 중요한 것은 충분히 생각해보고 의도한 바대로 준비를 마치는 것이다.

당신의 날을 최대한 활용하라

자, 이제 대망의 날이 밝았다. 이날은 아마도 당신의 인생에서 가장 큰 전환점이 된 날들 중 하루가 될 것이다. 시작할 준비가 됐는가? 아래에 우리의 경험을 통해 배운 최고의 전략 몇 가지를 소개 한다. 인생 계획 과정에서 우리가 코치했던 부분들이기도 하다.

당신의 마음가짐을 확인하라

먼저 인생 계획서를 쓰기 전에 당신이 갖춰야 할 마음가짐에 대해 이야기하고 싶다. 당신이 실제로 어떤 현실을 살고 있든 간에 이날만큼은 의식적으로라도 감사, 기대, 솔직함의 자세를 갖추길 바란다.

감사

모든 긍정적인 태도가 시작되는 원천이다. 화, 공포, 슬픔과 같은 부정적인 감정들은 당신이 감사하는 마음을 가지는 그 순간에 흩어진다. 당신이 지금 떠올려볼 수 있는 감사의 대상들은 무엇인가? 당신이 생각해낼 수 있는 모든 것에 감사하라. 당신의 건강, 가족, 직업, 친구들, 공동체, 뭐가 됐든 좋다. 설사 당신의 인생 계정들 중 하나가 너무 심각하게 부정적인 상태라 그것이 구원받을 수 있을지 없을지 확신이 없다고 해도 당신이 감사할 대상을 찾아라. 감사는 부족함이 아닌 풍요로움이라는 감정을 기반으로 인생 계획서를 만들 수 있게 한다. 우리의 경험에 따르면 자신이 이미 갖고 있는 것에 감사할 줄 모르는 사람들은 그들의 잠재력을 최대한으로 이끌어내지 못했다.

기대

정확히 두려움에 반대되는 감정이다. 기대는 이 새로운 경험에 자신을 맡기는 것, 그것을 껴안는 것, 자신의 역량을 남김없이 발휘하는 것을 의미한다. 우리는 살면서 종종 기대한 것을 얻곤 한다. 만약 당신이 통찰력, 지혜, 영감을 얻고자 기대한다면 당신이 그것들을 얻게 될 가능성이 높다. 만약 당신이 지루함, 혼란, 좌절을 기대한다면 마찬가지로 그것들을 얻게 될 가능성이 높다. 당신은 오늘 무엇을 기대하는가? 당신이 어떤 기대들을 갖고 있는지 확인하고 그것들을 긍정적인 방향으로 바꾸는 일은 시간을 들일 만한 충분한 가치가 있다.

마지막으로, **솔직함**을 가지길 바란다. 이것은 사람마다 다른 의미를 가질 것이다. 일반적으로 우리는 당신이 아무런 가정 없이 인생 계획서를 작성해야 한다는 것을 의미한다. 당신의 통찰력을 발휘하여 마음이 말하는 것을 들어라. 이를 통해 당신은 마음속 얘기를 풀어놓을 수 있는 여건을 만드는 것이다. 기꺼이 놀라워하라. 실은 별로 기대하지 않았던 것에서 가장 위대한 통찰을 얻을 때가 많다. 우리는 상담 고객들로부터 비슷한 이야기를 듣곤 한다.

스스로에게 목표를 상기시켜라

당신이 왜 이곳에 왔는지를 상기하는 것이 중요하다. 결과물에 집중하라. 당신은 오늘 어떤 결과물을 남기고 싶은가? 오늘 당신의 목표는 제4~7장에 소개된 형식들을 이용해서 하나의 인생 계획서를 만드는 것이다. 대략 5쪽에서 15쪽 분량이면 충분하다. 대부분은 보통 열 장 미만

이지만, 중요한 것은 당신에게 맞게 쓰는 것이다.

이날이 저물어갈 즈음에는 적어도 세 가지 주요 섹션으로 구성된 인생 계획서의 초안이 완성되어야 한다. 시간이 충분히 남아서 한 번 완성한 다음 검토하고 수정할 수 있으면 훨씬 더 좋다. 바로 다음 날부터 당신은 계획을 시행하고 싶겠지만 계획이 완성되지 않으면 그렇게 할 수가 없다. 그렇기 때문에 인생 계획서라는 하나의 완성된 결과물을 얻는 데 초점을 맞춰야 하는 것이다.

과정을 믿어라

쉽지 않은 일이다. 특히 처음에는 더더욱 그렇다. 과정이 항상 예측 가능한 길로 이어지는 것이 아니기 때문이다. 어쩌면 당신은 기세 좋게 시작했다가 어딘가에서 꽉 막혀 이러지도 저러지도 못하고 거기서 그냥 끝내고 싶어 할지도 모른다. 그런 일이 때때로 일어난다. 절망할 것 없다. 포기하지 말고 계속 작전을 수행하라. 어쩌면 그 반대의 경우일 수도 있다. 당신은 오늘의 목표에 집중하지 못한 채로 와서 너무 낙담한 나머지 시작조차 하지 못하고 시간만 보낼 수도 있다. 우리의 조언은 다르지 않다. 절망하지 마라. 과정을 믿어라.

우리는 인생 계획 과정을 통해 수천 명을 코칭한 사람으로서 장담할 수 있다. 당신이 포기하지 않고 한 발 한 발 나아간다면 이날이 저물 때쯤 완성된 인생 계획서를 손에 쥐게 될 것이다.

마음의 소리를 들어라

　당신이 생각을 종이 위에 옮길 때 어떤 것이 느껴지는지 주시하라. 방금 '이' 인생 계정에 대해 쓴 것이 당신의 무언가를 건드리는가? 아니, 아무것도 느껴지는 게 없는가? 공허한 울림인가? 그렇다면 대안을 고려해 봐야 한다.

　나마이클는 토머스 넬슨의 CEO 자리에서 내려오기 직전에 인생 계획의 날을 보냈다. 나는 수개월 동안 잠시도 쉬지 못하고 달려온 상태였다. 나는 희미하게 변화를 갈망했지만 동시에 지위에서 오는 안락함에 젖어 있었다. 나는 내 경력 계정과 관련된 지면으로 넘어가서 '회사를 더 나은 수준으로 올려놓는다'라고 썼다. 하지만 단어들은 죽은 듯이 거기에 누워 있었다. 이 문장은 읽으면 읽을수록 나에게 어떤 영감도 주지 못했고 그 어떤 생명력도 갖지 못했다. 나는 이 문장에서 아무런 에너지를 느낄 수 없었다.

　그래서 내 안의 목소리에 귀를 기울이기로 했다. '만약 돈이나 지위가 문제가 아니라면 나는 무엇을 소망하는 걸까?' 거의 질문과 동시에 어떤 생각이 떠올랐다. '하루 종일 말하고 쓰는 일'. 나는 어떻게 그런 일을 하며 살 수 있을지 몰랐지만 그래도 그것이 올바른 길이란 것을 알았다. 나는 내 마음의 소리를 듣기로 했고 내 경력에 가장 큰 전환점을 만들기 위한 기초 작업에 착수했다.

너무 완벽해지려고 애쓰지 마라

우리가 이렇게 말하면 제발 들어달라. 완벽주의는 지연^{遲延}의 어머니다. 당신이 완벽을 기대한다면 절대로 끝을 낼 수 없다.

기억하라. 당신의 인생 계획서가 출판될 가능성은 0퍼센트에 가깝다. 아무도 당신의 인생 계획서에 점수를 매기지 않을 것이다. 인생 계획서는 당신을 위한 것이지 대중의 소비를 위한 것이 아니다. 그러니 좀 완벽하지 않더라도 신경 쓰지 마라. 쓰다 보면 문법이 틀릴 수도 있고, 문장이 불완전할 수도 있고, 문단 구성이 잘못될 수도 있다. 인생 계획서는 완벽할 필요가 없다. 당신에게 의미가 있으면 된다.

집중하라

당신의 정신은 자꾸 다른 곳을 향해 눈을 돌릴 것이다. 인생 계획서를 쓰다가 중간에 어려운 부분이 생기면 더더욱 그럴 수 있다. 이것은 정상적인 현상이다. 영화 〈업^{Up}〉에 나오는 말하는 개, 더그^{Dug}가 그렇다. 팽팽한 긴장 속에서 대화가 오가는 와중에 더그는 움직이는 무언가를 보고는 "다람쥐다!"라고 외친다. 그러고는 다람쥐를 쫓아 냅다 달린다. 마음이 다른 곳을 향하려 할 때마다 저항하라. 가만히 앉은 채로 계속 집중하라. 그러면 그 갑작스러운 충동도 결국엔 지나간다. 그렇다고 중간에 쉬지 말라는 말이 아니다. 충분한 휴식을 통해 집중을 유지하라.

다른 데로 새어 나가는 생각을 붙잡는 한 가지 방법은 잡생각을 다른 종이쪽지에 적어두는 것이다. 두서없이 떠오르는 생각들을 종이쪽지에 적어놓으면 탈선을 막을 수 있고 나중에 다시 볼 수도 있다.

우리가 여기에 추천한 전략들을 따라 한다면 과정을 모두 통과할 때쯤, 당신의 삶에 목표와 방향을 부여하는 인생 계획서와 새로운 여정을 자극하는 영감을 함께 얻게 될 것이다.

이제는 한 걸음을 내딛을 차례

당신은 지금 중대한 갈림길에 서 있다. 어쩌면 이 책을 내려놓고, 여기서 알게 된 것을 잊어버리고, 표류를 계속할 수도 있다. 그렇게 한다면 당신은 인생 계획서가 주는 혜택들을 한 번도 경험하지 못하게 될 것이다. 당신이 나중에 어떻게 될지 누가 알겠는가? 아무도 모른다. 하지만 확률로 봤을 때 당신이 선택한 적 없는 곳에 가 있을 가능성이 크다.

반대로 당신은 소매를 걷어붙이고, 인생 계획을 시작해볼 수도 있다. 우리는 당신에게 소설이나 박사 논문, 혹은 에세이를 쓰라는 게 아니다.

당신이 이미 마음 깊이 신경 쓰고 있는 것에 대해, 즉 당신의 삶에 대해 생각하고, 상상하고, 써보라는 것이다. 이후의 장들에서 계획을 실행하는 것이 어떤 중요한 의미를 갖고 있는지 이야기할 것이다. 하지만 지금 당장 당신이 해야 할 일은 날을 정하는 것이다.

당신은 언제 인생 계획서를 쓸 것인가?
당신 이전에 수천 명의 사람이 해냈다. 당신도 할 수 있다.

제3부

계획을 실현하라

시간을 효율적으로 활용하여
인생 계획을 세우는 방법

제8장
계획을 실행하라

실행 없는 전략은 환상에 불과하다!

_ 마크 로치 Mike Roach

인생 계획 세우기라는 큰 산은 넘었으니, 이젠 그 계획을 실행할 때가 되었다. 인생 계획 Life Plan 은 실행할 때 비로소 빛이 난다. 당신이 세운 실행 계획 Action Plans 을 반복되는 일상 안에 잘 녹아들게 만들어야 한다. 그런데 계획을 실행할 시간이 충분하지 않으면 어떻게 할 것인가? 일정표를 보고 아무리 조정하려고 해도 이미 할 일이 가득 차 있거나, 새로운 무언가를 할 여유가 도무지 없다면 어떻게 해야 할까?

현대인들은 첨단 기기와 다양한 애플리케이션의 혜택을 누린다. 그럼에도 여전히 시간에 쫓기며 살고 있다. 아니 오히려 더 바빠진 것 같다. 사람들은 일주일에 40시간 이상 회사에서 일하고 이동 중에도 업무 전화에 시달린다. 저녁에도 이메일을 처리하느라 바쁘고, 주말엔 장단기 프로젝트로 인해 눈코 뜰 새가 없다. 설문 조사에 따르면, 수많은 사람이 스마트폰으로 업무를 처리하느라 일주일에 최소 70시간 이상을 일한다고 한다. 이렇다 보니 가족 모임이나 지인과의 만남은 나머지 시간을 쪼개서 해야 한다.[1]

우리의 삶을 들여다보면, 미국에서 인기리에 방영됐던 TV드라마 〈왈가닥 루시 I Love Lucy〉가 떠오른다. 이 드라마에는 제과 공장에서 일하는 루시와 아델이 나오는데 우리의 삶과 매우 흡사하다. 우리 모두는 루시와 아델처럼 컨베이어 벨트 앞에 서서 매일 초콜릿을 열심히 포장해야 한다. 그런데 포장해야 할 초콜릿이 한꺼번에 너무 많이 몰려오고 있는 것이 아닌가? 이때 초콜릿을 하나라도 놓쳐 포장을 못 하게 되면 사고가 일어난다. 초콜릿이 아무리 빨리 그리고 한꺼번에 많이 몰려와도 포장을 멈출 수는 없다. 그런데 그 과정에서 미처 포장하지 못한 초콜릿이 생길 수도 있다. 우리는 안 보이는 곳에 포장 안 된 초콜릿을 처박아두고 들키지 않기만 바란다. 그런데 뭔가 이상하다. 포장하지 못한 초콜릿을 보이지 않는 곳에 잘 숨기면 숨길수록 아이러니하게도 우리는 업무 능력을 더 인정받는 것이 아닌가? 결과적으로 포장해야 할 초콜릿은 더 늘어나게 된다.

삶이 요구하는 것이 과하게 느껴진다 해도 당신 혼자만 그렇게 느끼는 것이 아니다. 하지만 인생 계획의 목표를 달성하기 위해서는 물살에 떠내려가지 않고 파도를 잘 헤쳐 나가야 한다.

나^{마이클} 역시 여러 번 그런 표류를 경험했다. 한번은 《돈이 보이는 플랫폼^{Platform}》이라는 책을 출간하기 직전이었다. 강연 일정은 가득 차 있었고 딸은 결혼을 한 달 앞두고 있었다. 눈코 뜰 새 없이 바빴고 연일 삶의 균형을 잃어버린 것 같은 느낌이 들었다. 삶에 변화가 필요한 시점이 온 것이다. 다행스럽게도 나에게 그런 경험이 처음이 아니었다. 나는 정신없는 삶 가운데 숨 쉴 수 있는 구멍을 만들어낼 방법을 알고 있었다.

이번 장에서는 목표를 달성하기 위해 시간을 확보할 수 있는 효과적인 방법을 이야기하려고 한다. 먼저 당신의 일정표를 들여다보는 것에서부터 시작하기로 하자.

나는 지금 얼마나 여유가 있는가?

지금까지 살던 대로 살면서 자신이 세워놓은 인생 계획을 그대로 실행에 옮길 수 있는지 자기 자신에게 물어보도록 하자. 아마 없을 것이다.

아마 당신은 자신이나 배우자에게 이렇게 말해본 경험이 있을 것이다.

- 새로운 직장에 적응만 하면 숨이 좀 트일 것 같아.
- 아이가 학교에 입학하면 시간이 좀 생길 거야.
- 남편이 지금 바쁜 업무만 마무리하면 육아를 좀 도와주겠지.

하지만 그사이 시간은 잘도 흘러간다. 일주일이 한 달, 한 달이 1년, 1년이 수년이 된다. 일시적인 상황은 머지않아 영구적인 상황이 된다. 우리는 마치 미지근한 물이 가득 담긴 냄비에 빠진 개구리와 같다. 물이 1℃씩 뜨거워지는데도 개구리는 자신이 죽어간다는 사실을 모르고 있다.

이처럼 우리에게 가장 필요한 것은 바로 여유다. 숨 쉴 여유, 삶을 돌아볼 수 있는 여유, 계획을 실행할 수 있는 여유가 필요하다. 당신의 삶에 계속 여유가 없다면 어떤 생각이 드는가? 불안하거나 화가 나지는 않는가? 아니면 당황해 어쩔 줄 모르는가? 반대로 삶에 여유가 생기면 어떠한가? 마음이 편안해지고 집중되면서 의욕이 생기는가? 인생 계획을 성공적으로 달성하려면 반드시 삶에 지금보다 더 많은 여유 시간을 만들어야 한다. 그렇게 해야만 우리의 에너지를 급한 일보다는 정말 중요한 일에 쓸 수 있게 된다.

여유 시간은 분명 만들어낼 수 있다. 하지만 먼저 무엇 때문에 그 시간이 줄어들고 있는지 원인을 찾아서 없애야 한다. 그때 필요한 세 가지가 있다. 일정을 선별하는 능력, 우선순위를 계획하는 능력, 그리고 과도한 요청에 '아니오'라고 대답하는 능력이다. 이제부터 하나씩 알아보도록 하자.

실행 1 일정 선별하기

여기서 '선별하다'라는 동사는 영어로 'triage'이다. 군대에서 사용되는 용어다. 자원이 한정되어 있는 전쟁에서 군의관은 활용할 수 있는 자원을 최대한 효과적으로 활용해야 한다. 모든 환자를 다 치료할 여력이 없기 때문이다. 군의관은 환자를 진단해서 '이 환자는 별다른 치료 없이도 나을 수 있다. 또는 이 환자는 치료를 받아도 나을 가망이 없다'를 판단해야 한다. 여기서 선별한다는 것은 이 두 가지에 해당하는 환자를 제외하고, 적절한 치료를 하면 살릴 수 있는 환자에게만 집중하는 것을 의미한다. 이것은 분명 쉽지 않은 결정이다. 하지만 그렇게 해야만 생존율을 높일 수 있고 전쟁에서도 이길 수 있다.

이제 당신의 일정에 '선별 전략'을 적용해보자. 어떤 일정을 취소할 수 있고 어떤 일정을 조정할 수 있는지, 그리고 어떤 일정은 절대 취소할 수 없는지를 판단하는 것이 바로 선별 작업이다. 목표는 인생 계획에 수립된 실행 계획을 달성하기 위해 충분한 여유를 만들어내는 데 있다. 다음과 같이 해보도록 하자.

- 기본을 지키자. 지금 잡혀 있는 일정을 살펴보고 그 일정이 당신이 설계한 인생 계정^{life account}의 우선순위와 어떤 관계가 있는지 점검한다. 당신이 계획한 미래를 위해 그 일정이 정말 필요한가? 그렇다면 그대로 놔두자. 하지만, 그렇지 않다면 취소하거나 조정한다.
- 중요하지 않은 것은 과감히 버리자. 계획 당시에는 중요하다고 생각해 세웠던 일정들이 있을 것이다. 그때는 참신한 아이디어나 기발한 프로젝트라고 생각해 열정적으로 시작한 일들이었지만 시간이 지나고 보니 그렇게 중요하지는 않은 것 같다. 덜 중요하다고 느껴지는 일정은 취소하거나 그 계획을 실행할 다른 방법을 찾아보자.
- 그렇게 하고도 남은 일정은 조정하자. 분명 중요하지만 그렇게 급하지 않은 일정들이 있다. 우리는 모든 일을 가능한 빨리 처리하고 싶어 한다. 하지만 그런 노력이 오히려 우리의 발목을 잡을 때도 있다. 일정표에 있는 계획을 잘 살펴보고, 대세에 지장이 없으면 미룰 수 있는 일정을 찾아 조정하자.

선별 작업을 잘하면 빡빡한 일정에 숨 쉴 틈이 생기기 시작한다. 그리고 정말 중요한 일을 할 여유가 생기게 된다. 하지만 선별만으로는 아직 충분하지 않다.

실행 2 우선순위 계획하기

　우리가 원하는 수준은 단순히 일정을 덜 만드는 데 그치는 것이 아니다. 물론, 일정을 덜 만들기만 해도 다소 여유가 생기겠지만 이보다 더 중요한 것은 정말 필요한 일정을 계획하는 것이다. 우리 인생이 여러 개의 공을 던지고 받는 저글링 곡예라고 가정해보자. 이때 필요한 것은 바로 어떤 공이 고무공이고 어떤 공이 유리공인지 분별하는 능력이다. 즉 무엇을 버릴지를 알아야 한다는 것이다. 여기에서 제안하고 싶은 두 가지 방법이 있다. 바로, '이상적 일주일 Ideal Week'과 '연간 일정 미리 기록하기 Time Block'이다.

당신의 이상적 일주일

　이 개념은 토드 덩컨 Todd Duncan이 강연 녹취를 모아 저술한 《시간을 성공의 도구로 삼는 일등 영업 Time Traps: Proven Strategies for Swamped Salespeople》이라는 책에 처음 소개되었다. '이상적 일주일'은 재무 예산을 짜는 것과 상당 부분 흡사하다. 차이점이라면 '돈을 어떻게 사용할지' 대신에 '시간을 어떻게 사용할지'를 계획하는 것뿐이다. 재무 예산과 마찬가지로 이상적 일주일에서도 시간을 어떻게 사용할지를 계획하는 것부터 시작한다.

'이상적 일주일'은 당신이 일정을 100퍼센트 통제할 수 있다는 가정하에 보내는 일주일의 계획을 의미한다. 이상적 일주일은 각자의 기준에 따라 표로 만들 수 있다. 매일 그날의 주제[theme]가 있고, 하루는 각각의 집중 영역[focus area]에 따라 또 구분된다. 이상적 일주일은 간단한 엑셀 시트를 사용해 쉽게 만들 수 있다.

175쪽에 나와 있는 〈팀[Tim]의 이상적 일주일〉을 참고해보자.

팀이 선택한 주제는 첫 번째 줄에 작성되어 있다.

- 팀은 월요일을 자신의 팀과 함께 하거나, 일 대 일 미팅으로, 그리고 팀원들과의 점심 식사로 시간을 보낸다.
- 화·수요일은 출장이나 월간 경영 회의같이 장시간 진행되는 회의를 위한 날이다.
- 목요일은 그때그때 생기는 일정을 잡는 날이다. 외부에서 회의 요청이 오면 주로 이날 잡는다.
- 금요일은 기획을 하고 장기적인 계획을 구상하는 날이다.
- 토요일은 개인적인 일을 하는 데 시간을 보낸다.
- 일요일은 교회, 휴식, 다음 주 일정 계획으로 하루를 보낸다.

팀의 집중 영역[focus area]은 왼쪽 열에 정리돼 있다.

- 이른 아침은 개인을 위한 시간으로 독서, 기도, 운동을 한다.
- 아침부터 저녁까지는 오로지 일을 위한 시간이다. 8시 30분까지 회사에 도착해 6시에 퇴근한다. 일을 할 때 정해진 시간까지는 꼭 맡은 일을 끝내겠다고 스스로 기한을 정하는 것이 큰 도움이 된다. 그렇게 하면 한정된 시간에 굉장히 많은 일을 해낼 수 있다. 하지만 그렇게 하지 않으면 유명한 '파킨슨의 법칙Parkinson's Law'이 작용하게 된다. '일을 완수하는 데 필요한 시간에 맞게 일은 늘어난다Work expands to the time allotted for it'는 것이 바로 파킨슨의 법칙이다.
- 팀은 가족과 시간을 보내고 휴식을 취하며 하루를 마무리한다. 팀에게는 자녀가 세 명 있다. 팀은 가족과 함께 식사하는 시간을 매우 중요하게 생각한다. 팀의 가족들은 식사를 하면서 서로의 삶을 함께 나누고 유대감을 키운다. 그리고 팀은 자기 전 30분 동안을 아내와 함께 책을 읽는 시간으로 사용한다.

팀의 인생 계획에서 우선순위가 높은 일정은 옅은 회색으로 되어 있다. 우선순위가 높지 않은 일정은 짙은 회색이다. 두 군데 모두에 해당하는 일정은 흰색이다. 빗금이 쳐진 공간은 별다른 일정이 없는 '여유 시간'이다. 이 방법은 개인에 따라 다른 모양으로 나타날 수 있지만, 이 방법대로 우선순위를 계획하면 중요한 일에 집중할 수 있다.

자신만의 이상적 일주일을 계획해보기 바란다.

LivingForwardBook.com/ideal-week에서 엑셀 시트를 다운받아 작

팀Tim의 이상적 일주일

주제		팀 Teams	출장 및 정기회의		그때그때 일정	기획	개인	교회
		월	화	수	목	금	토	일
개인	05:00-05:30	명상시간			명상시간			
	05:30-06:00	독서			독서			
	06:00-06:30	가슴/등 운동	유산소 운동	하체 운동	유산소 운동	팔/어깨 운동	유산소 운동	주일학교 준비
	06:30-07:00							
	07:00-07:30	샤워/옷 입기					독서	
	07:30-08:00	메일 처리						
	08:00-08:30	이동					집안일	샤워
	08:30-09:00							회사
일	09:00-09:30	직원 1			그때 그때 잡힌 회의를 위한 시간		가계부 정리	주일학교
	09:30-10:00							
	10:00-10:30							
	10:30-11:00	직원 2						교회
	11:00-11:30							
	11:30-12:00		1주: 출장					
	12:00-12:30	점심	2주: 재무검토		그때 그때 잡힌 점심미팅			가족과의 점심
	12:30-01:00		3주: 출장					
	01:00-01:30		4주: 그때 그때 잡힌 회의				점심	이동
	01:30-02:00	직원 3						
	02:00-02:30							
	02:30-03:00				그때 그때 잡힌 회의를 위한 시간	경영비전 및 계획 검토		
	03:00-03:30	직원 4						
	03:30-04:00							
	04:00-04:30							
	04:30-05:00							
	05:00-05:30	이메일 처리					저녁 기도	
	05:30-06:00	내일 계획						
	06:00-06:30	이동						
가족 및 기타	06:30-07:00	게일과의 저녁				게일과의 데이트		한 주 점검 및 계획
	07:00-07:30							
	07:30-08:00	글쓰기						
	08:00-08:30							
	08:30-09:00							

성해도 되고, 본인이 편한 방법으로 만들어도 좋다. 나만의 이상적 일주일을 만들었다면 그것을 토대로 계획을 세워나가면 된다. 비서나 동료에게 이상적 일주일을 공유하는 것도 좋은 방법이다. 그렇게 하면 모두 같은 기대 수준을 갖고 동일한 목표로 나아갈 수 있다.

물론 당신의 모든 일정을 이 시간표 안에 집어넣을 수는 없다. 하지만 이상적 일주일을 만드는 것만으로도 인생에서 정말 중요한 것을 잊지 않고 달성하는 데 분명 도움이 된다.

연간 일정 미리 기록하기

또 다른 효과적 방법은 바로 연간 일정 미리 기록하기다. 이 방법대로 하면 향후 3년 동안의 계획을 미리 세우며 살 수 있다. 물론, 세부적인 계획들까지 꼼꼼히 세울 필요는 없다. 우리 인생은 계획대로 살아가기엔 너무 다이내믹하지 않은가?

연간 일정을 미리 기록하는 장점은 일정표에 굵직굵직한 계획을 미리 선점해두기 때문에 중요한 일정이 시급한 일정에 밀리지 않게 된다는 것이다. 즉 일정을 미리 기록함으로써 우리 인생의 중요한 시간을 다른 누군가에게 빼앗기지 않을 수 있다.

하지만 아쉽게도 시중에서 우리가 원하는 수준의 연간 일정 계획표를 찾기란 매우 어렵다. 시중에 출시된 일정표는 아무리 잘해봤자 1개월 일정을 한눈에 확인하는 수준에 불과하다. 그래서 우리는 연간 일정을 미리 계획·기록할 수 있도록 엑셀 툴을 개발했다. 지금 시점의 일정표 예시도 포함된 툴이다. A5 셀에 계획하려고 하는 연도를 넣으면 일정표가 자동적으로 만들어지는 시스템이다. 지나간 연도도 반영할 수 있다. 이 역시 LivingForwardBook.com에서 다운받을 수 있다.

일정표에 가장 변경하기 어려운 일정부터 기입하자. 그런 다음 조율할 수 있는 일정을 기입하면 된다. 다 작성했다면 4분기 즈음에 일정을 업데이트하길 권장한다. 연간 일정을 미리 기록하기 위해 다음과 같은 순서에 따라 일정을 기입해보자.

1. 생일과 기념일
2. 공휴일
3. 회사 기념일
4. 휴가
5. 이사회
6. 경영 점검 회의
7. 특별 여행
8. 지인과의 일정

개인에 따라 리스트는 다를 수 있다. 중요한 것은 나에게 중요한 시간을 다른 누군가가 선점하기 전에 내가 먼저 확보하는 것이다. 다른 사람의 우선순위에 내 일정을 맞추는 것보다 내 우선순위에 다른 사람이 맞추도록 하는 편이 훨씬 낫다. 기억하자. 자기 인생에 대한 계획이 없으면 다른 누군가가 당신의 일정을 대신 계획할 것이다.

여기에서 중요한 것이 균형이다. 당신에게 정말 중요한 것이 무엇인지 파악해 효과적으로 시간을 계획해야 한다. 그러지 않으면 정작 본인에게 중요한 일정을 위해 힘겹게 시간을 내야 할 것이다. 계획을 신중하게 짜지 않으면 나보다 정작 다른 사람의 우선순위를 위해 더 많은 시간을 할애하게 된다. 그러지 않기 위해 지금보다 더 많이 '아니오'라고 말할 수 있어야 한다. 이제 그 방법에 대해 이야기해보자.

실행 3 기분 좋게 거절하기

거절하는 것이 힘든가? 짐 캐리 $^{\text{Jim Carrey}}$ 주연의 영화 〈예스맨$^{\text{Yes Man}}$〉은 매사에 '네'라고 대답하기로 결심하기 전까지 별다른 성과 없이 살던 한 남자의 이야기다. 주인공의 삶은 잠깐 동안은 잘 흘러간다. 하지만 그런 삶은 금세 밑천이 드러나기 마련이다. 우리는 다른 사람을 실망시키는 것을 원치 않는다. 하지만 동시에 매사에 '네'라고만 할 수 없다는 것도 알고 있다. 《No, 이기는 협상의 출발점: 하버드 로스쿨, 글로벌 협상력 강화 프로젝트 $^{\textit{The Power of a Positive No: How to Say No and Still Get to Yes}}$》의 저자인 하버드

대 교수 윌리엄 유리$^{\text{William Ury}}$는 원치 않는 것을 요구하는 상대방에게 우리가 다음의 세 가지 반응을 보인다고 말한다.

1. 수용하기

'아니오'라고 하고 싶을 때에도 '네'라고 대답한다. 이런 경우는 주로 내가 중요하다고 생각하는 것보다도 상대방과의 관계에 더 많은 가치를 두기 때문이다.

2. 공격하기

요청을 거절하는 방법이 형편없을 때가 있다. 그런 경우는 내 이익보다 상대방과의 관계가 가치 없다고 생각하기 때문이다. 거절하는 것이 두렵기도 하고 상대방의 요구가 불쾌하다고 느껴져 과잉 반응을 한다.

3. 회피하기

아무 대답도 하지 않는다. 상대방의 기분을 상하게 하는 것이 두려워 상황을 회피하고, 문제가 알아서 해결되길 바란다. 하지만 그렇게 되는 일은 거의 없다.

한 반응이 다른 반응을 유발하며 상황을 더욱 악화시키는 경우도 있다. 예를 들어 상대방의 요구를 한 번 회피했는데도 상대방으로부터 두 번, 세 번 요구가 계속되는 경우다. 그러면 기분이 나빠져 상대방을 공격하게 되고 결국 죄책감이나 사과의 표시로 상대방의 요구를 수용하게 되는 식이다.

다행히 이것들보다 더 나은 방법이 있다. 윌리엄 유리는 네 번째 전략으로 '긍정적인 거절법'을 제안한다. 긍정적인 거절법은 관계를 해치지도, 나의 우선순위를 희생하지도 않게 해주는 전략이다. 간단히 '네-아니오-네' 공식으로 설명할 수 있다. 윌리엄 유리는 아니오에서 시작해 아니오로 끝맺는 일반적인 거절 방법에서 벗어나라고 말한다. 긍정적인 거절은 '네'로 시작해 '네'로 마무리된다.[2] 그러면 어떻게 '네-아니오-네' 방법을 적용할 수 있는지 알아보도록 하자.

네: 긍정적인 거절법은 자기 자신에게 '네'라고 말하면서 자신에게 중요한 것을 지키는 데서 시작한다. 우리는 여기에서 한 걸음 더 나아가, 이 과정에서는 상대방을 격려하고 지지를 표현하는 것도 매우 중요하다는 사실을 강조하고 싶다.

아니오: 분명하게 선을 그으며 '아니오'라고 해야 한다. '아마도'라고 말함으로써 가능성을 열어두는 것은 피하도록 하자. '아마 다음에는 괜찮을 거야'와 같은 대답 말이다.

네: 긍정적인 거절은 '네'로 마무리된다. 이때의 '네'는 둘 사이의 관계가

괜찮다는 것을 확인시켜줄 뿐 아니라, 상대방의 요구에 새로운 해결책을 제안한다.

 나^{마이클}는 종종 작가들로부터 자신의 작품을 검토해달라는 요청 메일을 받는다. 출판계에 오랜 시간 몸담다 보니 자주 있는 일이다. 이 요청에 '네-아니오-네' 전략으로 답변을 해보자.[3]

빌에게,

새로운 작품의 완성을 축하드립니다. 쉽지 않은 일이었을 거라 생각합니다. 저에게 작품 검토를 요청해주셔서 감사합니다.

그런데 다른 일정 때문에 작품을 검토하기가 어려울 것 같습니다. 요청을 받아들일 수 없을 것 같네요.

하지만 책을 출판할 수 있는 몇 가지 방법을 알려드리고자 합니다. 혹시 아직 안 읽어봤다면 제 블로그 글 중 〈처음으로 책을 출판하려는 작가들을 위한 조언〉을 읽어보시기 바랍니다. 책 출판을 위해 단계별로 무엇을 해야 하는지 구체적으로 작성한 글입니다.

제가 제작한 〈책 출판하기^{Get Published}〉라는 오디오 과정도 있습니다. 출판업계에서 30년 동안 일한 제 경험을 바탕으로 만든, 총 21개의 과정입니다.

위 두 가지가 당신에게 도움이 되길 바랍니다.

작가로서 꼭 성공하시길 바랍니다.

마이클 드림

이런 메일을 받고서도 다시 무언가를 요구하는 사람은 거의 없다. 보통 이런 메일을 보내면 '메일 감사합니다. 충분히 도움이 되었습니다. 답변해 주셔서 감사합니다'라는 회신이 오기 마련이다.

우리가 지금까지 코칭한 사람들을 보면 이런 반응을 바로 보이기까지는 시간이 필요하다. '네'와 '아니오'는 음과 양에 비유할 수 있다. 먼저 당신의 인생 계정을 살펴보는 것부터 시작해보자. 당신은 중요하지 않은 요청에 '네'라고 대답했지만 아마도 자신의 친구나 자녀, 배우자에게는 '아니오'라고 했을 가능성이 크다. 또한 '네'라고 대답함으로써 당신의 건강을 지키고 정신적인 성장을 이룰 기회를 놓쳤을 수도 있다. 우리의 고객사인 칙필레^{Chick-fil-A}의 한 임원이 이렇게 말했다. "당신이 정말 결혼 생활과 가족을 중요하게 생각한다면 때로는 상대의 요청에 '아니오'라고 할 줄 알아야 한다." 맞는 말이다. 보다 중요한 것에 '네'라고

답하기 위해 때로는 반드시 '아니오'라고 대답해야 하는 상황이 찾아오기 때문이다.

시간은 제로섬 게임과도 같다

당신의 시간은 제로섬 게임과 같다. 당신이 어떤 일에 '네'라고 했다면, 동시에 다른 것에는 이미 '아니오'라고 한 셈이다. 우리가 삶과 일에서 성공하면 할수록, '아니오'라고 대답하는 것이 점점 어려워진다. 하지만 삶에서 가장 중요한 것에 '네'라고 대답하기 위해 좋은 일에도, 심지어 당신이 가치 있다고 생각하는 일에도 이제는 '아니오'라고 할 수 있어야 한다. 그리고 당신은 앞으로 분명 그렇게 할 수 있을 것이다.

인생 계획을 성공적으로 실천하고 싶다면, 다음 세 가지를 꼭 기억하기 바란다. 일정 선별하기, 우선순위 계획하기, 기분 좋게 거절하기.

제9장
계획에 숨을 불어넣어라

자기 절제란 정말 원하는 결과를 얻기 위해 원하지 않는 일도 하게 만드는 능력이다.

_ **앤디 앤드루스** Andy Andrews

계획은 정기적으로 점검하지 않으면 무용지물이 된다. 인생 계획을 잘 세웠다면 이제는 그 계획을 어떻게 잘 점검해나갈지 생각해야 한다.

몇 년 전 내마이클가 급격하게 성장하고 있던 한 회사에서 일하던 때였다. 그때 그 회사의 CEO는 회사를 효과적으로 운영하기 위해 보다 전략적인 계획이 필요하다고 생각했다. 그는 어느 한 회의 석상에서 이제는 회사를 '즉흥적으로' 운영하던 기존의 수준에서 한 걸음 더 나아가야 한다고 말했다. 당장 회사에서 실행할 수 있는 구체적인 계획이 필요하다는 것이 그의 생각이었다. 그 후 얼마 지나지 않아 그는 많은 돈을 투자해 전략기획 전문 컨설턴트를 고용했고 3일 동안 워크숍을 진행했다. 워크숍은 텍사스 오스틴 외곽의 고급 휴양지에서 열렸다. 회사의 다양한 부서와 이해관계를 대변하는 총 50여 명의 중역이 한자리에 모였다. 컨설턴트는 참석자들을 몇 개의 팀으로 나눴다. 이 모든 과정은 매우 신중하고 체계적으로 이뤄졌다. 팀 구성을 마친 후 컨설턴트는 가죽 커버로 제작된 링바인더 책자를 꺼냈다. 책 표지에는 회사의 이름이 적혀 있었고, 내지는 다양한 색상의 인덱스로 구분돼 있었다. 워크숍에 참석한 모든 사람이 그 책자를 갖고 팀별로 건설적인 토론을 진행했다. 그 자리에서 회사 차원의 중요한 결정들이 내려졌고, 앞으로 몇 년 동안 직원들의 업무와 직접적으로 관계될 중요한 사안에 대해 합의도 이뤄졌다. 또한 회사의 중요한 시기, 일정, 담당, 책임 등이 포함된 구체적인 실행 계획이 수립됐다. 다 완성된 계획은 마치 하나의 예술 작품과도 같았다.

그런데 한 가지 문제가 있었다면 그날 이후 누구도 그 실행 계획을 찾지 않았다는 점이다. 보통 회사에서 워크숍을 진행할 때면 경영진들은 열심히 계획을 세우고 그 계획들을 정리해 사무실 한쪽에 잘 놓아둔다. 하지만 그뿐이다. 그들은 그 계획을 다시 검토하지도, 수정하지도 않는다. 다들 회사에서 이런 모습을 쉽게 보았을 것이다. 계획을 실제로 실행에 옮기는 회사가 있다면 그것이 오히려 이상하게 여겨질 정도이다.

우리는 당신의 인생 계획에 있어서 이런 일이 일어나길 원하지 않는다. 당신의 인생 계획은 반드시 실행되어야 한다. 그러기 위해서는 어떻게 해야 할까? 가장 효과적인 방법은 바로 인생 계획이 당신의 삶 속에서 살아 움직이도록 하는 것이다. 즉 인생 계획을 주기적으로 점검하고 수정하면서 그 계획이 실제로 실행될 수 있도록 숨을 불어넣어 주어야 한다.

헨리 클라우드는 그의 저서 《리더의 경계선 $^{Boundaries\ for\ Leaders}$》에서 계획을 주기적으로 점검하고 수정하는 것이 얼마나 중요한지를 강조했다. 우리가 목표를 이루고 싶다면 그 목표에 충분히 관심을 기울여야 한다. 그래야 정말 중요한 것을 놓치지 않을 수 있다. 그는 이처럼 목표를 달성하기 위해 무엇이 필요한지를 계속해서 인지하고 기억하는 과정을 '작업기억 $^{working\ memory}$'이라고 했다. 인생 계획을 점검하는 과정에서 당신은 작업기억을 늘릴 수 있다. 그리고 작업기억이 늘어나면 당신이 목표를 달성할 가능성 역시 높아진다. 이를 이루기 위해 다음 세 가지 방법에 주목해보자.

매일매일 인생 계획을 읽자

빌딩 챔피언스의 고객들을 대상으로 코칭을 진행할 당시, 우리는 고객들에게 첫 세 달 동안은 매일 아침 자신의 인생 계획을 읽도록 시켰다. 자신의 인생 계획을 읽을 때는 입으로 소리를 내며 읽어보도록 하자. 그렇게 하면 인생 계획의 모든 내용이 당신의 머리와 가슴에 새겨지게 된다. 물론 단순 암기가 되어선 안 된다.

일주일에 한 번 계획을 점검하자

세 달이 지난 후에는 '주간점검 The Weekly Review'을 통해 당신의 인생 계획이 살아 숨 쉬도록 만들어야 한다. 주간점검의 장점은 바쁜 일상 속에서 당신이 삶의 중심을 잃지 않도록 도와준다는 점이다. 즉 지금 당신이 어디쯤에 있고, 어디로 가고 있는지 돌아볼 기회를 갖게 해준다. 그리고 그 과정을 통해 당신은 인생 계획에서 중요하다고 생각한 항목 중 지금 무엇을 놓치고 있는지를 살펴볼 수 있다.

주간점검을 하면 당신은 정말 중요한 프로젝트와 과제에 관심을 집중할 수 있게 된다. 그 결과 효과적으로 업무량을 조절할 수 있게 되고, 가장 중요한 일에 계속 집중하며 살아갈 수 있다.

주간점검의 중요성을 누구보다 잘 알았던 사람은 바로 생산성 전문가 데이비드 앨런 David Allen 이다. 그는 자신의 책 《쏟아지는 일 완벽하게 해내는 법 Getting Things Done》에서 주간점검의 중요성을 이렇게 설명하고 있다.

　우리는 스스로 감당할 수도 없을 만큼 다양한 일을 습관처럼 벌인다. 하루 종일 회의를 하고, 퇴근 후에는 당연하다는 듯이 또 다른 일정을 잡는다. 우리는 책임을 져야 할 일을 만들고, 다양한 계획을 세우며, 각종 업무와 프로젝트에 기꺼이 몸을 던진다. 이런 삶은 우리가 갖고 있는 창의력이 정상 궤도를 이탈할 때까지 계속된다.
이런 복잡한 소용돌이 같은 삶에서 빛을 발하는 것이 바로 주간점검 이다. 주간점검을 하면 당신은 집중할 수 있는 시간을 확보할 수 있고, 계획을 찬찬히 점검할 수 있다. 그리고 다시 무엇인가를 새롭게 시작할 수 있는 시간을 얻을 수 있다. 그러면 당신의 삶은 표류하지 않게 된다. 지금껏 당신이 살아온 것처럼 이 일 저 일을 다 하면서 삶을 재정비할 시간까지 갖기란 불가능하다.[1]

　나^{마이클}는 주로 금요일에 주간점검을 한다. 금요일쯤 되면 한 주 동안 어떤 일을 했고, 앞으로 어떤 일을 해야 할지 보다 명확해지기 때문이다. 금요일에 주간점검을 하기 전까지는 이것을 새로운 한 주의 시작 전인 일요일 저녁에 했었다. 그때가 계획을 새롭게 점검하기 좋은 시간이라고 생각했기 때문이다. 하지만 그렇게 하다 보니 주말에는 시간을 완전히 비우는 것이 훨씬 효율적이라는 점을 깨닫게 되었고 그 후로는 금요일마다 주간점검을 하고 있다. 금요일에 주간점검을 해야 다가올 월요일에 해야 할 일들을 미리 정리할 수 있고, 주말에는 온전히 휴식을 취할 수 있다는 장점이 있다.

나^{대니얼}도 주로 집에서 주간점검을 하는 편이다. 하지만 나에게는 월요일 이른 아침 시간에 주간점검을 하는 것이 효과적이다. 한 주를 시작할 때 주간점검을 하면, 그 주의 가장 중요한 일에 효과적으로 집중할 수 있기 때문이다.

사실 주간점검은 언제 하든 큰 상관이 없다. 우리가 코칭하는 사람들 중에는 주간점검을 한 주 업무의 마지막 시간인 금요일 오후에 하는 경우도 있다. 그리고 대부분의 사람들은 월요일 오전 시간을 활용해 주간점검을 한다. 무엇보다 중요한 점은 당신이 주간점검 계획을 일정표에 기록하고, 일주일에 한 번 실제로 계획을 점검하는 것이다.

주간점검을 위해서 최소 15분에서 30분가량을 투자하길 바란다. 물론 그보다 더 많은 시간이 걸릴 수도 있다. 그렇다고 주간점검을 하는 데 한나절까지 필요하진 않을 것이다. 기억할 점은 반드시 주간점검을 위한 시간을 별도로 잡아두라는 것이다. 이렇게 미리 일정을 잡아두지 않으면, 주간점검을 하지 않거나 그 시간에 다른 일을 하게 마련이다.

그렇다면 주간점검 시간에는 무엇을 하면 될까? 주간점검을 할 때 효과적인 몇 가지 지침이 있다. 우리도 효과적으로 활용하는 지침이다. 반드시 따라야 하는 것은 아니지만 참고하면 분명 도움이 될 것이다. 이 지침은 인생 계획보다 광범위한 것을 다루지만 모두 그것과 밀접한 관련이 있다. 데이비드 앨런이 사용하는 점검표를 조금 수정한 내용이다. 이 지침을 참고해 본인만의 점검표를 만들어보도록 하자.[2]

1. 당신의 인생 계획을 점검하라

인생 계획을 한 글자 한 글자 정독해 읽어보자. 인생 계획이 그렇게 긴 내용은 아니기 때문에 오래 걸리지는 않을 것이다. 계획을 찬찬히 읽어나가다 보면 나무가 아닌 숲을 보는 것처럼 계획을 보다 광범위하게 점검할 수 있다. 이를 통해 무엇이 가장 중요한지 놓치지 않게 된다. 또한 당신이 하는 일상적인 활동에 분명한 목표를 갖게 된다.

2. 모든 종이를 다 꺼내서 검토하라

서류 가방, 노트북 가방, 우편함, 지갑 등에 들어 있는 모든 종이를 다 꺼내보자. 그리고 종이를 하나하나 찬찬히 읽은 후, 그 종이에 있는 내용을 어떻게 처리할지 결정하자. 데이비드 앨런의 방식은 다음과 같다. 먼저 각각의 종이에 있는 내용이 당신에게 어떤 행동을 요구하는지를 따져보고, 별다른 행동이 필요 없다면 아래의 세 가지 방법에 따라 처리한다.

- 버린다.
- '언젠가 할 일 혹은 혹시나 할 일' 목록에 포함시킨다.
- 앞으로 필요할 수 있으니 종이를 보관한다.

종이에 있는 내용이 어떤 방식으로든 당신의 행동을 필요로 한다면, 아래 세 가지 방법으로 처리한다.

- 2분 안에 할 수 있는 일은 바로 하고, 아니라면 할 일 목록에 포함시킨다.
- 당신의 일정표에 구체적인 시간과 함께 할 일을 기록한다.
- 다른 사람에게 일을 위임한 후, 그 일을 당신이 챙겨야 할 과제 목록에 포함시킨다. 우리는 그 과제 목록을 '진행 중인 업무' 혹은 '대기 중인 업무'라고 지칭한다. 이것은 일을 진행하기 위해 다른 사람의 참여가 필요한 업무를 지칭하는 한 방법이다.

3. 노트를 점검하라

메모하는 습관은 생산성 역량을 구성하고 있는 중요한 능력이다.[3] 단순하게는 종이노트에 적을 수도 있고 에버노트와 같은 애플리케이션을 활용해 컴퓨터, 태블릿PC, 스마트폰에 기록할 수도 있다. 핵심은 기록한 노트를 다시 읽고 반드시 해야 할 행동을 찾는 것이다. 찾았다면 당신의 과제 목록에 포함시키도록 하자.

4. 지난 일정을 점검하라

지난주에 진행했던 회의 내용을 점검하고 혹시 누락된 내용이 없는지 살펴본다. 예를 들어 지난 점심 회의를 할 때는 별도로 기록해두지 않았지만, 돌이켜보니 회의에 참여한 상대방에게 카드나 선물을 보내 감사의 마음을 표현해야겠다는 생각이 들 수 있다. 중요한 것은 지나간 일정을 찬찬히 점검하면서 그때를 다시 생각해보고, 혹시나 놓친 것이 있다면 다시 챙기면 된다.

5. 다가오는 일정을 점검하라

이 지침이 바로 주간점검의 하이라이트라 할 수 있다. 곧 있을 회의를 위해 무엇이 필요한지를 파악해 준비하는 시간이다. 다가올 일정을 점검하는 시간을 가지면, 꼭 해야 할 과제들을 한 번 더 챙길 수 있는 여유가 생긴다. 회의에 참석하는 경영진 중에는 과거에 수행했던 과제를 검토도 하지 않고 오는 사람이 얼마나 많은지 모른다. 그렇게 하면 회의를 전혀 준비하지 않았다는 느낌을 줄 뿐 아니라, 역량이 없어 보이기도 한다. 이는 지난 회의나 과제를 체계적으로 점검하는 자신만의 방법이 정립되지 않았기 때문이다.

6. 업무 목록을 점검하라

물론 이것을 매일 하기를 권장하지만, 주간점검 시간을 통해 보다 포괄적으로 점검해도 좋다. 자기 자신에게 '이번 주에 반드시 해야 할 일이 무엇이지?' 물어보자. 이 과정은 정말 중요하다. 우리도 이 시간은 반드시 일정표에 기록해 실행하고 있다.

7. 진행 중인 업무 혹은 대기 중인 업무 목록을 점검하라

이 목록에는 당신이 다른 사람에게 위임한 업무 중에서 계속 체크해야 할 중요한 일들이 포함돼 있다. 다소 지연된 업무가 있거나, 진행 상황을 점검해야 할 업무가 있다면 해당 담당자에게 전화나 이메일을 통해 상황을 파악해야 한다. 그렇게 한 후 '진행 상황 확인 중'이라는 별도 노트를 따로 남겨서 그 업무를 관리하도록 하자.

8. 프로젝트 목록을 점검하라

여러 가지 일이 동시다발적으로 진행되어야 하는 업무가 있다. 그런 업무는 프로젝트로 구분해 관리하도록 하자. 회사 정기 워크숍을 계획하는 과정을 예로 들어보자. 장소 예약, 음식 준비, 초대장 발송 등 다양한 일이 함께 진행되어야 한다. 어떠한 프로젝트 관리 시스템을 활용할지는 상관없다. 중요한 점은 모든 일이 매끄럽게 진행될 수 있도록 프로젝트 진행 과정을 점검하며 중요한 일정을 챙기는 것이다.

9. 언젠가 할 업무 혹은 혹시나 할 업무 목록을 점검하라

지금 당장 어떤 조치를 해야 하는 것은 아니지만 앞으로 언젠가는 처리해야 할 업무들이 이 목록에 해당된다. 중요하지만 당장 수행할 준비가 되지 않은 업무를 이 목록에 포함시킨다. 나중에 그 일을 할 준비가 되었을 때, 적합한 업무 목록에 포함시켜 진행하면 된다.

우리의 많은 독자와 회사 고객 그리고 세미나 참석자들은 인생 계획에서 주간점검이 얼마나 중요한지 자주 이야기한다. 이런 의견은 너무나 당연한 것이다. 하지만 기억할 것은 주간점검은 인생 계획을 잘 실행하기 위한 다양한 전략 중 하나일 뿐이라는 사실이다. 이 방법 말고 다른 방법이 더 잘 맞는 사람들도 분명히 있을 것이다. 자신에게 가장 잘 맞는 방법을 찾도록 하자. 이 책을 읽는 모든 독자가 책에 있는 효과적인 방법들을 잘 활용해 자신의 인생 계획을 성공적으로 성취하길 바란다.

분기에 한 번 계획을 수정하자

삶에서 중요한 일을 놓치지 않기 위해서 앞서 이야기한 대로 규칙적인 시간을 확보하여 계획을 점검하는 것이 중요하다. 하지만 또 한 가지 중요한 일이 있다. 바로 계획을 수정하고 현실에 맞게 조정하는 일이다. 헨리 클라우드는 계획을 수정하는 것이 성공의 지름길이라고 말했다.

물론 주간점검을 하는 과정에서 계획을 수정하는 것도 가능하다. 하지만 여기서 말하는 계획 수정은 보다 깊은 관점과 전략을 갖고 주기적으로 실시하는 것을 말한다. 바로 '분기점검 Quarterly Review'이다.

분기점검은 기본적으로는 주간점검의 확장 버전이라고 생각하면 된다. 주간점검을 하면서 나무 위에서 숲을 잘 살펴봤다면, 분기점검은 열기구를 타고 1000피트 상공에 올라가 숲이 어디쯤 위치해 있는지를 큰 관점으로 조망하는 것을 의미한다.

분기점검은 당신이 계획대로 잘 나아가고 있는지를 점검하는 좋은 도구가 될 것이다. 분기점검을 효과적으로 하면, 당신은 연말이 되어 지난 1년을 허비했다고 자책하지 않을 수 있다. 대신 당신은 적절하게 수정된 계획을 통해서 인생 계획을 잘 달성했다고 스스로에게 만족하게 될 것이다. 분기점검 방법은 개인마다 다를 수 있다. 당신이 예술가나 과학자라면 당신만의 독특한 방법이 있을 것이다. 그 방법이 어떻든지 핵심은 당신이 의지를 갖고 계획을 수정하는 시간을 보내는 것이다.

가능하다면 분기점검을 위해 당신의 업무 환경을 떠나보길 권장한다. 전화, 방문객, 각종 회사 업무로부터 벗어나는 것이다. 당연히 토요일 오전에 해도 된다. 처음 인생 계획을 세웠던 바로 그 장소를 가는 것도 좋은 방법이다. 꼭 멋지고 좋은 곳일 필요는 없다. 당신이 개인적인 시간을 충분히 보낼 수 있는 조용한 곳이면 된다.

분기점검을 시작하기에 앞서 그 시간 동안 검토할 목록을 찬찬히 생각해본다. 우리의 경험에 비춰볼 때 다음의 두 가지 방법이 도움이 되었다.

1. 인생 계획을 점검하라

당신이 처음에 세웠던 인생 계획을 한번 읽어보자. 그리고 그 계획을 바꿔나가자. '목적 선언 Purpose Statement'이나 '비전화된 미래 Envisioned Future'의 단어를 수정하거나, 여기에 성경 구절 같은 좋은 글귀를 넣는 것도 좋다. 핵심은 당신이 작성한 지금의 현실 Current Realities을 다시 검토하고, 구체적인 약속 Specific Commitments을 수정하는 것이다. 당신이 인생 계획을 처음 작성할 때 가졌던 마음가짐으로 작성하면 된다.

2. 다가올 분기에 달성할 목표를 적어라

당신의 인생 계획을 찬찬히 읽어본 후, 앞으로 다가올 3개월 동안 당신이 달성해야 할 구체적인 목표를 세우자. 이때 수십 개의 할 일을 단순히 나열하라는 것이 아니다. 여기서는 보다 큰 관점을 갖고 접근하도록 한다. 앞으로의 3개월을 위해 5~7개 정도의 목표를 세우고, 그 기간 동안 인생 계획을 효과적으로 실행할 수 있도록 하면 된다.

당신이 분기점검을 하겠다고 마음먹었다면, 분기점검 일정을 미리 일정표에 기록해두는 것이 좋다. 그때 지금으로부터 2년 후에 있을 분기점검 일정도 잡아두도록 하자. '여유가 생기면 해야지'라는 자세로는 못한다. 분기점검을 위해 먼저 스스로와 약속하고 정확한 날에 그 일정을 기록해두는 것이 자기 자신을 잘 관리하는 방법이다.

1년에 한 번 계획을 변경하자

인생 계획을 달성할 때, 주간점검과 분기점검을 하면 분명히 많은 도움이 된다. 하지만 인생 계획이 정말 삶 속에서 살아 숨쉬게 하려면 '연간점검 Annual Review'을 반드시 해야 한다. 연간점검은 당신이 보다 장기적인 관점을 갖고 계획을 점검할 수 있도록 도와준다. 연간점검은 지난 1년간 이룬 것을 돌아보고, 앞으로 나아갈 방향을 정하기 위해 반드시 필요한 과정이다.

인생 계획을 처음 수립하는 사람들은 누구나 그 과정을 어렵게 느낀다. 하지만 인생 계획을 한 번 잘 세워두기만 하면, 수정하는 것은 훨씬 쉽다. 인생 계획이라는 첫 단추를 끼우는 것이 가장 어렵기 때문이다.

1년의 마지막 3개월 중에서 하루를 비워두자. 그리고 당신의 인생 계획을 깊이 들여다보는 시간을 갖도록 하자.^{지난 장에서 중요한 일정을 미리 기록해 연간일정을 매년 업데이트하도록 권장한 바 있다.} 연간점검을 잘하면 마지막 분기에 해야 할 분기점검을 하지 않아도 된다. 분기점검과 연간점검의 차이가 있다면 연간점검은 계획을 점검하고 수정하는 데 분기점검보다 훨씬 많은 시간이 소요된다는 점이다.

연간점검을 하면서 과거에 계획했던 것들에 대해 자기 자신에게 아래와 같이 질문해보도록 하자.

결과 Outcomes
- 내가 작성한 중요한 사람들 중에서 누락된 사람개인 혹은 집단은 없는가?
- 기존에 작성한 사람들 중에서 제외해도 되는 사람이 있는가?
- 다른 사람들에게 기억되고 싶은 당신의 모습을 바꾸고 싶지 않은가?

우선순위 Priorities
- 새롭게 추가하고 싶은 인생 계정은 없는가?
- 이제 더 이상 나와 상관없는 사람이 되어 내 인생 계획에서 제외하고 싶은 대상이 있는가?
- 당신 삶의 우선순위가 바뀌었는가? 그렇다면 우선순위의 순서를 조정할 필요는 없는가?

실행 계획 Action Plans
- 새로 포함된 인생 계정을 위해 새로운 실행 계획을 작성할 필요는 없는가?
- 각 인생 계정에 작성한 비전화된 미래가 지금도 여전히 나에게 와 닿는가? 지금보다 더 구체적으로 표현할 수는 없는가? 지금까지의 상황을 고려했을 때, 처음 작성했던 미래의 모습에서 바꿀 내용은 없는가?
- 각 계정의 목적 선언에 변화가 필요하지는 않은가? 목적 선언이 지금보다 더 구체적으로 작성될 수 있는가?
- 지금의 현실은 어떠한가? 작년에 내가 이뤘던 성취 중에 가장 자랑스러웠던 것은 무엇인가? 당연히 인정받아야 했던 일인데 인정받지 못했을 때

내 기분이 어땠는가? 작년에 실망했던 일과 후회했던 일은 무엇인가?

나^{대니얼}는 1년 중에서 크리스마스부터 새해까지의 일주일을 가장 좋아한다. 다가올 한 해를 시작하기 전에 마음 편히 회사를 닫고, 지난 1년을 돌아보며 재충전을 할 수 있는 시간이기 때문이다. 그 일주일 중에서도 오리건 해안가의 한 작은 오두막에서 보내는 하루를 가장 좋아한다. 그때쯤에는 보통 그 지역에 매서운 폭풍이 몰아친다. 그래서 오히려 오두막 안에서 불을 지펴두고 따뜻한 차 한잔을 마시면서 중요한 일에 집중하기에 안성맞춤이다. 나는 그 하루를 충분히 활용해 내 인생 계획을 점검하고 작년에 내가 무엇을 배웠는지를 정리한다. 또한 그 시간 동안 다가올 한 해를 위해 내 인생 계획을 수정한다.

당신이 정말 이루고 싶은 내용들을 잘 정리해서 인생 계획을 수정했다면, 바뀐 내용이 많고 적음은 상관이 없다. 올해 당신이 계획을 많이 수정했다면, 내년에는 수정 사항이 별로 없을 수도 있다. 모든 것은 당신의 지난 한 해가 어떻게 흘러갔는지, 그리고 당신이 정말 원하는 미래가 어떤 모습인지에 달렸다.

남과는 다른 삶을 계획하라

일전에 스탠Satn이 "일터가 마치 전쟁터 같다"고 말한 적이 있다. 그때 나는 스탠에게 가족과 개인의 삶은 어떠한지를 물었다. 그는 가족과 개인이라는 두 계정에는 모두 9.5점의 높은 점수를 줄 수 있다고 답했다. 당시 스탠의 회사는 정말 정신없이 바쁘게 돌아가고 있었다. 이런 상황에서 대부분의 사람들은 일하는 데 더 많은 시간을 할애하는 것이 당연하다고 생각할지 모르겠다. 하지만 그는 자신의 일과 삶에 분명한 선을 그었다. 그는 인생 계획을 작성한 후, 삶의 다양한 부분에서 자기의 시간과 노력을 어떻게 투자해야 하는지 알게 됐다고 말했다. 인생 계획을 정기적으로 점검하며, 삶의 각 부분에서 균형을 맞출 수 있었던 것이다. 이것이 바로 남과는 다른 삶을 살고 있는 사람의 모습이다. 스탠은 삶의 균형을 실천하는 데 인생 계획보다 더 나은 방법은 발견하지 못했다고 말했다.

인생 계획을 통해 스탠이 실제로 삶에서 좋은 결실을 맺자 지금은 그의 부모님과 형제들을 포함한 온 가족이 각자의 인생 계획을 세워서 실행하고 있다.

몇 년 전에 나마이클는 인생 계획을 세워온 내 지난 10년을 통틀어 가장 대대적으로 인생 계획을 수정한 적이 있다. 그때 계획에 많은 수정을 했던 이유는, 당시 내 주위 환경이 급변하고 있었기 때문이다. 당시 내 막내딸이 결혼을 했고, 맡고 있던 토머스 넬슨 출판사 회장과 CEO직을 다른 사람에게 위임했다. 또한 온라인 교육 콘텐츠 제작이라는 새로운 분야에 도전하면서 함께 일하는 사람들이 다 바뀌었다.

그렇지만 다행히도 기존 계획에 작성했던 인생 계정은 대부분 그대로 유지됐다. 내 정신적, 신체적, 지적, 직업적 계정은 약간의 수정을 제외하면 거의 달라진 게 없었다. 물론 인생이 새로운 국면을 맞이한 만큼, 내 가족과 직업 계정에는 어느 정도의 변경이 불가피했다. 나는 생동감 있게 살아 움직이는 인생 계획을 원했고 그런 계획을 필요로 했다. 나는 주간, 분기, 연간 점검을 하면서 내가 정말 원하는 미래의 모습에 한 걸음씩 가까워질 수 있는 힘을 얻었다.

제10장
놀라운 변화의 물결에 동참하라

사람들은 시간이 가면 모든 것이 자연스럽게 바뀐다고 생각한다. 하지만 모든 것을 바꿔야 할 사람은 바로 당신 자신이다.

_앤디 워홀 Andy Warhol

직장에서 문제가 생기면 우리는 건강과 가족, 가계 재정에 직접적으로 영향을 받게 된다. 반대의 경우도 마찬가지다. 건강, 가족, 가계의 재정에 문제가 생기면 우리가 하는 일도 영향을 받는다. 이렇게 삶에 문제가 생기면, 그렇지 않을 때와 비교해서 우리의 업무 능력은 떨어질 수밖에 없고 할 수 있는 일의 양도 줄어들게 된다.

그러면 우리가 진행하던 프로젝트는 갈피를 잡지 못하게 되고, 넉넉하던 예산은 줄어든다. 이때 가장 직접적인 피해를 입는 사람은 바로 우리의 동료들이다. 내가 역할을 제대로 못 하면, 가뜩이나 삶에 여유가 없는 그들이 내 부족함까지 메워야 한다.

이것이 현실이다. 개인 생활? 그런 건 실제로 존재하지 않는다. 일과 삶의 구분 같은 것은 없다. 우리의 일과 삶은 모든 부분에서 어떻게든 긴밀히 연관돼 있다. 일과 삶은 경계선이 없다.

내_{마이클}가 토머스 넬슨에서 CEO로 있을 때 세계 금융 위기가 찾아왔다. 그때 바로 위와 같은 경험을 했다. 당시 회사는 경제 위기를 극복하기 위해 구조 조정을 진행하고 있었다. 또한 경영진은 난국을 타개할 그들 나름의 방법을 강구하고 있었다. 공급자들과는 계속 가격 조절을 했고 구매 예정은 계속 미뤄졌다. 예산은 당연히 줄어들었다. 회사 문을 닫지 않기 위해 우리는 매일 고군분투해야 했다.

하지만 아무리 해도 이 상황이 끝날 기미가 보이지 않는 것이 아닌가? 퇴근할 때 사무실 불을 끄는 것처럼, 스트레스도 버튼을 눌러서 없앨 수만 있다면 얼마나 좋을까? 하지만 그렇게 할 수 있는 사람은 아무도 없었다. 당시 나는 회사에서 받은 스트레스와 걱정거리를 고스란히 껴안고 집으로 돌아왔다. 그러자 먼저 가족이 나 때문에 안 좋은 영향을 받았고, 이윽고 내 건강도 악화되었다.

삶의 한 부분에 문제가 생기면 그 문제는 다른 부분으로 쉽게 옮겨간다. 물론 인생 계획이 있다고 해서 경기 침체와 같은 불가항력으로부터 나 자신을 보호할 수 있는 것은 아니다. 하지만 인생 계획이 있으면 자신 때문에 문제가 생길 때 자신을 지킬 힘을 기를 수 있게 된다. 우리가 일과 삶을 철저하게 분리하지 못하는 이유는 다음의 세 가지를 살펴보면 쉽게 이해할 수 있다.

첫 번째는 책의 앞부분에서도 다뤘지만 셀프 리더십이 있어야만 팀 리더십을 기를 수 있다는 점이다. 어떤 리더가 큰 변화의 바람을 일으키는 문화나 조직을 만들었다면, 그는 분명 자기 자신을 잘 이해하고 있을 뿐 아니라 다방면에서 뛰어난 능력을 가진 사람일 것이다. 그런 사람들은 다양한 일에 시간을 적절히 배분해 사용할 줄 안다. 그리고 위아래의 모든 직원이 보고 배울 수 있는 삶을 산다.

두 번째는 팀 직원들이 당신을 지켜보고 있다는 것이다. 직원들은 리더가 어떻게 사는지를 본 후에야 비로소 그를 신뢰하고 그가 하는 일에 기꺼이 동참한다. 그들에게는 리더가 어떻게 사는지가 매우 중요하다.

우리와 함께 일했던 많은 리더가 인생 계획을 잘 활용해서 직원들에게 효과적으로 리더십을 발휘하고 영향을 끼쳐왔다. 하지만 인생 계획을 세워볼 기회조차 없던 사람들은 좋은 리더가 될 많은 기회를 놓친 셈이다. 그들은 자신의 업무나 재테크 등 삶의 부분적인 것들에만 관심을 기울일 뿐 인생의 큰 그림을 그리는 데 도무지 관심이 없었다. 당신 자신, 당신이 내리는 결정, 당신이 시간을 사용하는 방법, 당신이 가진 역량, 당신의 인생에서 소중한 것들이 무엇인지를 살펴보면 당신이 삶에서 무엇을 가치 있게 생각하는지 알 수 있다.

세 번째는 당신이 옳다고 생각하는 것은 당신의 직원들이 봐도 옳은 것이다. 직원들 역시 당신처럼 일과 삶을 명확히 구분하며 살지 못한다. 앞의 두 가지 포인트가 바로 이 세 번째를 뒷받침해준다. 그리고 이번 장에서는 이에 대해 보다 구체적으로 다루도록 하겠다. 이제부터 주변 사람들에게 효과적으로 책임을 부여하고 조직을 강화해나가는 데 인생 계획이 얼마나 효과적인지 알아보자.

인생 계획이 회사에 주는 가치

전 세계 많은 기업은 직원들이 일과 삶을 구분할 수 없음을 점점 인정하고 있다. 그러면서 직원들에게 인생 계획을 설계하도록 권하고, 인생 계획을 잘 실행할 수 있도록 돕는 교육 과정도 함께 제공하는 기업이 늘고 있다. 그렇게 할 때 회사가 얻을 수 있는 세 가지 이점은 다음과 같다.

1. 직원들에게 인생 계획을 설계하도록 하면
   회사가 그들을 얼마나 중요하게 생각하는지를 전달할 수 있다

직원들은 당신의 회사가 꿈꾸고 원하는 것을 위해 일한다. 따라서 직원들에게 인생 계획을 세우도록 장려함으로써 당신은 그들에게 이미 이렇게 말한 셈이다. '우리는 당신이 목표와 꿈을 이룰 수 있도록 도와주고 싶습니다. 그런 과정에서 여러분의 직업은 분명 중요한 부분을 차지할 것입니다. 물론 우리가 말하는 직업이라는 것은 여러분이 회사에서 하는 업무, 그 이상의 의미를 가진 것이겠지요.'

빌딩 챔피언스의 오랜 고객이었던 칙필레와 우리의 인연은, 칙필레의 경영진들을 대상으로 코칭을 하면서 시작되었다. 그 이후 칙필레에서 우리가 진행한 코칭은 대상자가 수백 명 규모가 될 정도로 커졌다. 이 회사의 경영진들은 자신들이 인생 계획을 직접 경험해본 뒤에 크게 매료되었다. 그리고 현재는 신규 매장 점주들을 대상으로 진행하는 회사 교육 과정에도 인생 계획을 포함시키고 있다. 빌딩 챔피언스는 1년에 여러 번 칙필레에 코치를 파견해 새로운 점주들이 인생 계획을 세우도록 돕고 있다. 인생 계획을 작성하는 구체적인 지침을 알려주며 실질적인 도움을 제공하는 것이다. 그들은 모두 팀 리더십보다 언제나 셀프 리더십이 먼저라는 것을 명확히 인식하고 있다.

비슷한 사례로 미국의 모기지 은행인 코너스톤 주택대출 Cornerstone Home

Lending을 들 수 있다. 코너스톤의 CEO 마크 레어드Marc Laird는 몇 년 전 직접 경험했던 인생 계획의 혜택을 직원들도 누리면 좋겠다고 생각했다. 그래서 빌딩 챔피언스는 코너스톤 주택대출 직원 1000명 이상을 대상으로, 그들이 인생 계획을 효과적으로 실천할 수 있도록 다양한 방법을 마련해주었다.

코너스톤은 빌딩 챔피언스의 코치들을 회사에 초빙해, 직원들과 주요 고객들을 대상으로 인생 계획을 잘 세울 수 있도록 교육 과정을 제공하고 있다. 마크 레어드는 신입 사원들이 유급휴가를 활용해 인생 계획을 설계하도록 장려하기도 했다. 또한 나는 마크 레어드의 요청으로 회사 직원들이 인생 계획을 보다 쉽게 활용할 수 있도록 다양한 영상 교육 자료를 제작하기도 했다. 현재 그 자료들은 모두 사내 인트라넷에 저장돼 있어 직원들이 원하면 언제든지 활용할 수 있다. 이뿐만 아니라 우리는 마크 레어드에게 자문과 코칭을 제공해, 코너스톤의 직원들이 인생 계획을 실천하는 과정에서 겪는 어려움을 해결하고 계획을 잘 달성할 수 있도록 돕고 있다.

인생 계획을 잘 활용하면 조직의 성과를 높일 수 있다는 것을 알았던 또 다른 리더가 바로 프라임 대출Prime Lending의 CEO 토드 살만스Todd Salmans다. 빌딩 챔피언스는 프라임 대출의 수백 명의 직원을 대상으로 코칭 과정을 제공했다. 또한 빌딩 챔피언스와 함께 프라임 대출은 250여

명의 매니저와 리더를 대상으로 4일 과정 맞춤 코칭 프로그램을 개발하기도 했다. 그 프로그램에 참여한 사람들은 첫날 하루를 온전히 할애해 인생 계획을 세우는 구체적인 방법을 배운다.

마지막으로 미 남부 캐롤라이나 그린빌에 위치한 SC 텔코 연방 신용협동조합[SC Telco Federal Credit Union]의 최고운영책임자[COO] 브라이언 맥케이[Brian McKay]가 있다. 그는 인생 계획이 직원에게 도움이 된다는 것을 잘 이해하고 있던 리더였다. 브라이언 맥케이는 2011년 내[마이클]가 작성한 블로그 글을 읽은 후 자신의 인생 계획을 세웠다. 그때의 경험이 너무 좋아서 그는 바로 회사 경영진들에게 자신의 인생 계획 이야기를 공유했다. CEO인 스티브 하킨스[Steve Harkins]는 그의 이야기를 들은 후, 회사의 모든 직원들에게 인생 계획이 도움이 되겠다고 생각했다.

곧 스티브 하킨스는 나를 SC 텔코 연방 신용협동조합의 연례회의 강사로 초빙했다. 나는 말단 사원부터 경영진에 이르기까지 전 직원을 대상으로 세 시간짜리 교육 과정을 진행했다. 그 이후 브라이언 맥케이는 회사에 '인생 계획 운영위원회'를 조직했고, 성공 사례를 뉴스레터로 만들어 직원들에게 배포해 그들이 인생 계획을 잘 활용할 수 있도록 했다. 또한 운영위원회는 사내에서 소규모로 진행되는 인생 계획 활동들을 지원하며 그 과정에서 직원들이 겪는 어려움을 해결하는 역할을 했다.

SC 텔코 연방 신용협동조합은 그로부터 1년 후 진행된 연례회의에 나를 다시 초대했다. 그리고 지난 1년 동안의 사내 인생 계획 활동을 점검하는 시간을 가졌다. 그 자리에서 우리는 지난 1년간의 활동을 돌아보고 인생 계획 실천 우수 사례를 함께 공유했다. 나는 또한 회의에서 인생 계획으로 삶이 획기적으로 바뀐 두 명의 직원을 인터뷰하기도 했다. 그중에서 준법감시 업무를 담당하던 한 직원이 다음과 같이 말했다. "인생 계획에서 얻은 가장 큰 수확이 있다면, 나 자신이 삶의 모든 부분에서 행복하고 생산적인 존재가 될 수 있도록 회사가 적극적으로 지원하고 있다는 점을 알게 되었다는 것이다. 나는 이것을 큰 축복이라고 생각한다."

2. 직원이 인생 계획을 세우면 생산성이 높아진다

직원들이 인생 계획에 참여하도록 하면, 그들이 비록 건강 때문에 걱정을 하고 결혼 생활에 갈등이 있다고 해도 상대적으로 일에 덜 방해받게 된다. 왜냐하면 인생 계획에 따라 살게 되면, 일에 훨씬 잘 몰입할 수 있기 때문이다.

빌딩 챔피언스는 웨이크포레스트대학Wake Forest University의 교수인 멜라니 랭커우Melanie Lankau와 함께 코칭의 효과를 측정하는 방법을 연구했다. '삶의 만족도는 업무 만족도, 성과 지표와 유의미한 상관관계가 있다'는 연구 결과를 발표했다. 즉 자기 삶에 더 만족을 느끼는 사람일수록 업무

만족도가 높고 성과도 좋았다.

3. 직원이 인생 계획을 세우면 업무에 더 잘 몰입할 수 있다

직원들이 삶의 전 영역에서 열정을 갖고 임하며 스스로 발전하려고 하면 할수록 그들은 긍정적인 마인드를 갖고 일에 더 집중하게 된다. 그리고 자신의 일, 담당하고 있는 고객에 대해 이전보다 훨씬 잘 공감할 수 있는 여유가 생긴다.

인생 계획을 경험한 많은 사람들로부터 그것 덕분에 업무 몰입도가 높아졌고, 일에 보다 적극적으로 임하게 된다는 피드백을 자주 듣는다. 인생 계획을 세우면, 업무 외에도 삶의 다양한 영역 중에서 내가 무엇을 놓치고 있는지, 어떤 행동을 해야 하는지 등을 잘 관리하기 때문에 걱정이 안 된다는 것이다. 인생이 잘 계획되어 있기 때문에 삶에 여유가 있고, 중요한 것을 놓침으로써 드는 잡생각이나 죄책감 없이 팀원, 고객, 업무에 집중할 수 있다.

이것은 정말 중요하다. 직원들이 회사에서 자신이 가치 있고 생산적인 사람이며 중요한 일에 관여된다고 느끼면 느낄수록, 이 치열한 경쟁 환경에서 회사가 전략적 우위를 차지할 수 있는 문화를 직원들이 스스로 만들어내기 때문이다.

어떻게 인생 계획을 효과적으로 실행할 수 있을까

지금쯤이면 당신의 조직에 인생 계획이 긍정적인 영향을 미칠 것이라는 데 확신이 섰을 것이다. 이제부터는 인생 계획을 실행하는 과정에서 적용하면 좋을 일곱 가지 전략을 이야기해보겠다.

1. 권하기 전에 직접 실천하라

아시시의 프란치스코 성인St. Francis of Assisi은 다음과 같이 말했다. "언제나 복음을 전하라. 그러나 꼭 필요할 때에만 말로 전하라." 행동을 통해 삶을 보여주는 것보다 더 큰 설득은 없다. 직접 경험하지 않은 것을 이야기해봤자 남들에게 위선자라는 소리를 들을 뿐이다. 그것은 우리가 추구하는 결과가 아니다.

행동이 말보다 먼저 다가올 때 사람들은 우리가 말하는 것이 정말 효과가 있다고 믿게 된다. 예를 들어 몸무게를 줄이기로 결심한 친구가 있다고 해보자. 그 친구가 실제로 50파운드를 감량했다면 그 친구가 말하는 다이어트 비법은 훨씬 설득력 있게 들릴 수밖에 없다.

2. 경영진을 참여시켜라

회사 차원에서 중요한 계획을 추진할 때는, 회사 전체가 공감대를 형성하는 것이 무엇보다 중요하다. 두 번째 전략이 바로 여기에 대한 것이다. 경영진 중에는 일과 삶에 분명한 구분이 필요하다고 믿는 사람들이 있다. 그들이 계속 그렇게 생각한다면 회사에서 인생 계획을 실행하는 데 있어 그들의 지원을 받는 것이 쉽지만은 않다.

이럴 때는 회사 내에서 인생 계획을 단계적으로 차근차근 실행하는 것이 중요하다. 먼저 리더들에게 책을 주고 읽게 한다. 그리고 인생 계획 과정에 참여하게 한다. 필요하다면 외부에서 진행되는 교육 프로그램에 그들이 참여할 수 있도록 하자. 회사의 전 직원을 대상으로 도입하기 전에, 먼저 경영진이 인생 계획에 익숙해지고 또 직접 실행해보게 하는 것은 매우 중요하다.

여기에서 한 가지 주의할 점이 있다. 절대 그들에게 강요해서는 안 된다. 선택이 아닌 강제가 되었을 때 엇나가는 사례를 많이 봐왔다. 1번 전략에서도 언급했듯이 먼저 리더가 인생 계획을 통해 눈에 띄는 변화를 경험해야 한다. 그리고 인생 계획에 대한 리더의 열정에 주변 사람들이 자연스럽게 설득되도록 해야 한다. 그렇게 되면 직원들은 리더가 가는 길을 따라가게 되어 있다.

3. 교육을 위해 최소 반나절은 할애하라

여기에서부터가 재미있는 부분이다. 그리고 바로 이 시점에서부터, 당신이 인생 계획이라는 것을 정말 진지하게 생각하고 있고 여기에 적극적으로 투자할 생각이 있다는 점을 직원들에게 표현하게 된다. 교육은 책을 활용할 수도 있고 온라인으로 교육 과정 프로그램을 구입해 진행할 수도 있다. 그리고 비용이 들지만 외부 코치를 초청하는 방법도 있다.

4. 모든 직원에게 책을 제공하라

우리가 이렇게 권유하는 것이 당연하게 들릴 수 있다. 하지만 우리는 책이 좋은 생각을 전달하는 매개가 된다는 것을 굳게 믿는다. 이 전략에 대해서는 상대적으로 짧고 굵게 이야기하려고 한다. 우리는 책을 사지 않는 사람들도 쉽게 인생 계획을 시작해 효과적으로 적응할 수 있길 바란다.

5. 직원에게 더 많은 유급휴가를 제공하라

직원들이 하루를 온전히 인생 계획에 투자할 수 있도록 휴가를 제공하는 회사들도 있다. 이때의 장점은 직원들로부터 '시간이 없어 인생 계획을 세우지 못했다'는 변명을 미연에 방지할 수 있다는 것이다. 물론 단점도 있다. 휴가를 받았다고 해서 모두가 인생 계획에 그 시간을 충분히 할애하는 것은 아니기 때문이다. 만약 직원들에게 휴가를 주기로 결정했다면 그들이 어느 정도 책임감을 갖도록 하는 장치가 필요하다. 예를 들면, 인생 계획 과정을 잘 마무리했다는 것을 확인하기 위해 서명하게 하는 방법이 있다. 나아가 직원이 직접 선택한 동료도 함께 서명하게 하는 것도 가능하다. 그럼에도 불구하고, 인생 계획을 위한 휴가를 남용하는 사람이 분명히 있기 마련이다. 하지만 우리 경험에 비춰볼 때, 보통 직원들이 휴가를 받으면 그 시간 동안 감사하는 마음으로 진지하게 인생 계획을 세웠다.

직원과 휴가의 부담을 나누는 회사들도 있다. 회사에서 반나절의 휴가를 부담하고 개인이 반나절의 휴가를 사용해 총 하루를 인생 계획에 할애하는 방법이다. 이때의 장점은 직원들이 자신의 휴가를 사용했기 때문에 더 진지한 마음가짐으로 인생 계획에 임하게 된다는 점이다. 단점은 실제 이 방법을 회사에서 실시하는 과정이 다소 복잡하고, 참여하는 사람이 적을 수 있다는 점이다.

좋은 방법은 한 팀을 대상으로 실시해보고, 그 경험을 바탕으로 각 조직 문화에 따라 가장 잘 맞는 방법을 찾는 것이다. 시행착오를 거쳐서 안 맞는 부분은 제외하고 난 후에 부서, 나아가 회사 차원에서 도입하면 상대적으로 실패할 확률을 줄일 수 있다.

6. 인생 계획을 장려하고 지원하는 문화를 만들라

아마도 모든 전략을 통틀어 가장 중요한 단계일 것이다. 직원들이 인생 계획을 세웠다면, 이제부터가 본격적인 시작이다. 왜냐하면 인생 계획을 수립하는 것과 그것을 실천하는 것은 전혀 다른 이야기이기 때문이다. 계획표를 아무리 잘 만들어 사무실 한쪽에 잘 보관하더라도 계획을 잊고 산다면 무슨 의미가 있는가? 관건은 직원이 열정을 갖고 실제로 성장하는 삶을 살도록 하는 것이다. 따라서 그들이 행복해지고 회사에서 보다 생산적인 직원이 되도록 지원하는 것이 무엇보다 중요하다. 다음의 방법을 활용해보도록 하자.

- 인생 계획 운영위원회를 조직한다.
- 회사 뉴스레터, 전 직원이 함께 모이는 자리, 다양한 홍보 수단을 통해 인생 계획의 성공 사례를 직원들에게 공유한다.
- 인생 계획을 지원하는 조직을 만들고 매주 또는 격주로 모임을 갖는다. 웨이트 워처스Weight Watchers 회사가 이 방법을 활용한다.
- 직원 복지 가이드북에 '인생 계획의 날'을 명시하고 신입 사원에게 그와 관련된 구체적인 지침을 안내한다.
- 팀원들이 인생 계획을 효과적으로 점검하고 코칭을 받을 수 있도록 정기적으로 시간을 할애해 지원한다.

7. 직원들의 삶을 위해 추가적인 지원을 제공하라

직원들이 그들의 인생 계정에서 실질적인 효과를 보게 하려면, 그들이 동기부여할 수 있는 교육 과정과 프로그램을 제공할 필요가 있다. 이때 회사 안에서 제공되는 지원뿐 아니라, 좀 더 폭넓은 차원의 지원 방법도 고려할 수 있다. 건강 관리 프로그램이나 헬스 회원권 등의 혜택을 제공함으로써 직원들이 스스로 건강을 돌볼 수 있게 하는 회사도 많다. 빌딩 챔피언스의 경우 직원들이 사내 헬스장을 잘 활용하도록 장려하는 한편 건강한 식습관을 가질 수 있도록 별도로 지원하고 있다.

우리 고객사 중에는 《알면 평생 편하게 사는 부의 법칙Financial Peace》의 저자 데이비드 램지의 재테크 프로그램을 직원들에게 제공하는 곳도 있다. 프로그램을 통해 직원들이 빚을 갚고, 가계 재정을 안정적으로 관리할 수 있도록 도울 수 있다. 이런 지원을 하면 직원의 업무 생산성이 매우 빠르게, 많이 향상되는 것을 볼 수 있다. 이런 프로그램에 참여한 직원 중에는 자기가 하는 업무가 자신의 재산 관리와 밀접하게 연관돼 있다는 것을 처음으로 알게 된 사람도 있다.

개리 챔프만Gary Champman의 '다섯 가지 사랑의 언어The Five Love Languages'와 같은 성공적인 결혼 생활을 위한 프로그램을 제공하는 회사들도 있다. 이런 과정은 직원뿐 아니라 직원의 배우자에게도 도움이 된다. 빌딩 챔피언스는 고객사들을 대상으로 다양한 부부 동반 워크숍을 성공적으로 실시한 바 있다. 또한 포스터 클린Foster Cline과 짐 페이Jim Fay의 '사랑과 논리로 키우기: 아이들에게 책임감을 가르치는 법Parenting with Love and Logic: Teaching Children Responsibility'과 같은 교육 프로그램을 활용하는 회사들도 있다. 이처럼 직원들의 가정을 위해 제공되는 프로그램은 그들의 업무 생산성을 높이는 데 효과적이다.

중요한 것은 이 모든 효과적인 방법들은 직원들이 인생 계획을 잘 실천하게 돕는 한 부분이 되어야 한다는 점이다. 인생 계획을 수립하는 것은 중요한 뼈대를 세우는 일과 같다. 하지만 직원들이 자신들의 실제 삶에서 인생 계획으로 효과를 보기 위해서는 반드시 추가적인 지원이 필요하다.

오늘의 변화가 내일을 바꾼다

거창하게 들릴 수 있지만 우리의 꿈은 세상을 바꾸는 것이다. 아마 책을 여기까지 읽은 독자들에게는 우리의 이 목표가 충분히 공감될 것이라고 생각한다. 우리는 세상을 바꾸는 변화가 정치가 새로워지거나, 과학기술이 엄청나게 발전한다고 해서 가능하다고 생각하지 않는다. 또한 더 많은 사람들에게 보다 좋은 교육을 제공한다고 해서 가능한 것이 아니라는 것도 잘 안다. 물론 이 모든 것이 한데 어우러져서 변화를 일으킬 수는 있겠지만 확실히 그것만으로는 부족하다.

세상의 진짜 변화는 사람들이 자신의 삶에 책임을 갖고, 목적에 따라 살기 시작할 때 비로소 시작된다. 삶에서 열정을 회복한 사람들, 발전을 경험한 사람들이야말로 자신들의 삶이 실제로 변하는 것을 보게 된다. 그리고 개인이 변화되면, 가정과 학교, 교회와 회사 그리고 정부에까지 변화의 바람이 일어난다. 개인이 문화를 바꾸는 것이다. 그리고 그때의 변화는 깊이 있고 지속적이다.

책이 마무리되는 이 시점에서 당신에게 한 가지 물어보고 싶다. 인생 계획을 통한 놀라운 변화의 물결에 동참하지 않겠는가? 우리는 아주 작은 계획 하나가 만들어내는 놀라운 변화를 조금이라도 더 많은 사람이 경험하길 바란다. 일단 한 번 변화가 시작되면, 그 변화는 당신 자신뿐 아니라 당신이 사랑하는 사람들, 당신이 소중하게 생각하는 모든 것에서 감지될 만큼 엄청날 것이다.

우리와 함께 세상을 바꾸는 이 여정에 함께하지 않겠는가? 내일을 바꿔줄 오늘의 변화의 물결은 바로 당신의 변화와 함께 시작된다.

에필로그

장의사마저도 나의 죽음을 슬퍼할 만큼
훌륭한 삶을 살아야 한다.

- 마크 트웨인 Mark Twain -

이제 당신은 인생 계획의 여정에서 아주 중요한 지점에 도달했다. 인생 계획에 대해 당신이 알아야 할 것은 다 알았다. 우리는 당신에게 영감을 주었고, 인생 계획을 실행할 수 있는 다양한 도구와 교육 과정도 제공했다. 이제 남은 것은 당신의 선택뿐이다.

당신은 지금까지 그래 왔듯이 앞으로도 길을 잃고, 흘러가는 대로 삶을 살 수도 있다. 하지만 제1장에서 말한 것처럼 그렇게 표류하는 삶에서 성공할 가능성은 거의 없다. 인생 계획이 없는 당신은 삶에 있어서 원하는 목표에 한참을 못 미친 곳에 주저앉아 지금까지 당신이 내려온 결정들과 나태했던 시간들을 후회하게 될 것이다. 그러고 싶지 않다면, 이제부터라도 두 팔을 걷어붙이고 인생이라는 선물에 대해 진지하게 고민하길 바란다. 선택은 당신에게 달려 있다.

히말라야산맥 높은 곳에 살았던 한 늙은 현자에게 들었던 이야기가 떠오른다. 가끔씩 그 노인은 마을로 내려와 자신에게 있는 특별한 재능과 지식으로 마을 사람들을 기쁘게 해주었다. 그는 주머니나 상자, 심지어 사람의 마음속에 무엇이 있는지 맞출 수 있는 능력이 있었다.

한 무리의 소년들이 그 노인에게 장난을 쳐보기로 했다. 그가 가진 특별한 능력이 사실 별 볼 일 없음을 증명해보기로 한 것이다. 한 소년이 새를 잡아서 손에 숨기기로 했다. 물론 그 소년은 노인이 자기 손에 무엇이 있는지 당연히 맞출 것이라고 생각했다.

그래서 꾀를 하나 냈다. 노인이 자기 손에 새가 있다고 맞추면, 그 새가 죽었는지 살았는지 묻기로 한 것이다. 만약 그 노인이 새가 살아 있다고 하면 자기 손으로 새를 눌러 죽일 셈이었다. 노인은 새가 살아 있다고 했지만, 소년이 손을 폈을 때는 이미 새가 죽어 있을 테니 노인이 틀린 것이 된다. 반대로 노인이 새가 죽었다고 한다면 소년은 그대로 손을 펴서 새를 날려 보낼 생각이었다. 이 경우에도 노인은 틀린 것이 된다. 결국 노인이 무슨 말을 하든 상관없이 소년은 노인을 사기꾼으로 만들 준비가 돼 있었다.

한 주가 지나 노인이 산에서 내려왔다. 소년은 잽싸게 새 한 마리를 잡아 두 손에 감싸고는 손을 등 뒤로 숨긴 채 노인에게 다가가 물었다.

"내 손에 있는 걸 맞춰보세요." 노인이 대답했다. "네 손에 새가 있구나."

그러자 소년이 다시 물었다. "그럼 맞춰보세요. 새가 살았을까요, 죽었을까요?"

노인이 소년을 바라보며 말했다. "그 새의 운명은 너의 손에 달려 있구나."

우리의 인생도 이와 같다. 운명은 우리 손에 달려 있다. 당신은 인생이라는 엄청난 선물을 손에 쥐었다. 자, 이제 당신은 그 선물을 갖고 어떻게 할 것인가?

감사의 말

이 책이 나오기까지 수많은 사람들이 우리에게 도움을 주었다. 그 사람들이 없었다면 이 책은 출간되지 못했을 것이다. 지면을 빌려 그들에게 감사의 마음을 전하고 싶다. 우리가 이름을 빠뜨린 분들이 있을 수도 있다. 하지만 다음의 사람들에게는 책을 통해서 꼭 감사의 마음을 표현하고 싶다.

– 마이클 –

- 지난 37년 동안 내 가장 가까운 파트너였던 아내 게일에게 감사의 마음을 전한다. 좋은 것은 빠르게 수용하고 안 좋은 것은 빠르게 버릴 줄 아는 아내로부터 나는 늘 많은 것을 배운다. 아내는 내 하루의 시작과 끝에서 가장 함께하고 싶은 사람이다. 아내를 향한 사랑의 마음은 말로 다할 수 없을 만큼 크다.

- 다섯 명의 딸과 네 명의 사위들^{현재 기준으로}은 내 삶을 기쁨으로 가득 차게 해주었다. 모두들 일과 삶에서 성공하는 모습을 볼 때마다 항상 자랑스럽다.

- 가까이 계신 부모님께도 감사의 마음을 전하고 싶다. 나는 그분들이 80 평생 불평하시는 모습을 본 적이 없다. 내 주변에서 가장 긍정적이고 나에게 좋은 기운을 불어넣어 주는 분들이다. 부모님은 내가 지금의 모습이 될 수 있기까지 필요한 모든 것을 지원해주셨다.

- 인터내셔널 리더십 유한책임회사International Leadership, LLC의 모든 직원 들에게 감사의 마음을 전하고 싶다. 수지 바부어Suzie Barbour, 앤드류 벅맨Andrew Buckman, 채드 캐넌Chad Cannon, 카일 차우닝Kyle Chowning, 실베트 개넌Sylvette Gannon, 매들린 레몬Madeline Lemon, 스튜 맥라렌Stu McLaren, 메건 밀러Megan Miller, 조엘 밀러Joel Miller, 수전 노먼Suzanne Norman, 라퀴엘 뉴먼Raquel Newman, 맨디 리비씨오Mandi Rivieccio, 대니얼 로저스Danielle Rodgers 그리고 브랜든 트리올라Brandon Triola. 인생에서 가장 중요한 것을 위해 헌신하는 그들의 모습을 보며 나는 매일 좋은 자극을 받는다. 그들은 내가 가장 잘할 수 있는 일에 온전히 집중할 수 있게 도와주는 고마운 사람들이다.

- 내 삶과 일에서 놀라운 성취를 달성할 수 있도록 늘 아낌없이 조언해 주는 내 코치들을 빠뜨릴 수 없다. 대니얼 하카비Daniel Harkavy, 댄 미웁Dan Meub, 아일린 뮤씽Ilene Muething, 댄 설리번Dan Sullivan, 토니 로빈슨Tony Robbins. 이들은 내 사고방식에 매우 큰 영향을 끼쳤다.

- 내 소중한 친구인 켄과 다이앤 데이비스 부부Ken and Diane Davis에게 감사

의 마음을 전하고 싶다. 이들 부부는 내가 콜로라도 로키에 있는 그들의 오두막집에서 한 달 동안 머물 수 있도록 흔쾌히 장소를 제공해주었다. 바로 그곳에서 이 책의 초안이 마무리됐다. 그들의 따뜻한 호의가 없었다면, 이 책은 나올 수 없었을 것이다.

- 마지막으로 내 소중한 친구인 대니얼 하카비에게 다시 한번 감사의 말을 전한다. 그는 나에게 인생 계획이란 것을 가르쳐주었고 모든 과정에서 조언을 아끼지 않았다. 그리고 내가 삶의 모든 결과에 책임지는 사람이 되도록 도와주었다. 목적을 갖고 사는 사람의 삶이 얼마나 능력 있는지는 바로 그가 산증인이다.

- 대니얼 -

- 27년간 나와 함께해준 아름다운 아내 셰리에게 감사의 마음을 전한다. 열한 살 무렵 내가 그녀를 처음 본 이후로, 셰리는 내 인생의 단 한 명의 동반자였다. 아내는 항상 나를 격려해주는 가장 친한 친구이자, 나를 최고로 멋진 사람으로 만들어주는 존재다. 내 인생 계획을 위해 늘 아낌없이 지원해주어 고맙고, 사랑한다.

- 아이들인 알리^{Ali}, 딜런^{Dylan}, 웨슬리^{Wesley} 그리고 에밀리^{Emily}까지! 너희

들은 내 인생을 너무나 풍성하고 즐겁게 해주었단다. 내가 너희의 아버지라는 사실이 너무나 큰 축복이고, 너희가 내 가장 친한 친구인 것이 너무나 큰 기쁨이란다. 모두 너무 사랑하고 너무 자랑스럽다!

- 손자들도 빠뜨릴 수 없다. 너희와 함께 나눈 삶, 음식, 그리고 모험들은 최고였단다!

- 부모님인 멜^{Mel}과 린^{Lynne}, 장모님이자 내 두 번째 어머니인 글로리아^{Gloria}, 그리고 내 모든 형제자매와 조카들에게 감사의 마음을 전한다. 내가 얼마나 그들을 사랑하며 감사하고 있는지 꼭 기억해주길 바란다.

- 비서이자 분신과도 같은 린 브라운^{Lynne Brown}에게 감사의 마음을 표현하고 싶다. 내가 회사를 잘 이끌고 인생 계획을 실천할 수 있도록 누구보다도 든든한 지원군이 되어주었다. 린 브라운이야말로 변화를 만드는 사람이다. 우리 모든 하카비 가족의 마음을 모아 감사드린다!

- 빌딩 챔피언스의 모든 직원은 우리가 하고 있는 일에 중요한 역할을 담당해주고 있다. 지난 20년 동안 고객들의 인생 계획 과정을 함께 걸어온 모든 직원의 경험이 쌓여 이 책이 만들어졌다. 여러분 모두가 이 책의 일등공신이다. 여러분과 함께 일할 수 있어 정말 기쁘다. 특히 토

드 모세터Todd Mosetter에게 이 책이 나올 수 있게 큰 도움을 주어 감사하다는 말을 전하고 싶다. 당신이 아니었다면 책이 이렇게 잘 나오기 어려웠을 것이다.

- 빌딩 챔피언스의 수많은 고객과 친구들이 우리의 인생 계획 여정에 함께해주었다. 이 모든 사람들 덕분에 인생 계획이 개인의 삶에 얼마나 큰 영향을 미치는지 실제로 증명할 수 있었다.

- 인생 계획의 콘셉트를 나에게 처음으로 알려준 내 친구, 토드 덩컨Todd Duncan을 빼놓을 수 없다. 내 인생을 변화시킨 선물을 줘서 정말 고맙게 생각한다.

- 마지막으로 내 친구이자 이 프로젝트의 파트너인 마이클 하이엇에게 감사의 말을 전하고 싶다. 당신의 겸손함, 성장에 대한 식을 줄 모르는 갈망 그리고 마르지 않는 샘물같이 풍성한 당신의 영혼은 이 프로젝트가 진행되는 모든 과정이 놀라운 경험이 되도록 해주었다.

- 마이클 & 대니얼 -

- 조엘 밀러Joel Miller는 우리 프로젝트의 연구자이자 편집자이다. 최선을

다해 우리 책의 원고 작업을 담당해주었고, 이야기가 매끄럽게 연결되는 하나의 목소리가 되도록 잘 엮어주었다. 당신이 없었다면 이 프로젝트는 빛을 보지 못했을 것이다.

- 출판 에이전트인 얼라이브 커뮤니케이션즈^{Alive Communica-tions}의 릭 크리스천^{Rick Christian}과 브라이언 노먼^{Bryan Norman}에게 감사한다. 프로젝트의 시작에서부터 우리를 굳게 믿어주었고, 우리의 비전을 공유해줄 출판사를 찾는 데 큰 도움을 주었다.

- 기획편집자 채드 앨런^{Chad Allen}과 교정자 바브 반스^{Barb Barnes} 그리고 베이커북스^{Baker Books}의 모든 담당자에게 감사의 말을 전한다. 우리의 프로젝트를 믿어주었고, 모든 시간 동안 진정한 파트너로 우리와 함께해주었다.

주

제2장 인생 계획서란 무엇인가

1. 벤저민 프랭클린, 《벤저민 프랭클린 자서전》 Frank Woodworth Pine 편집, New York: Henry Hole and Co., 1922, 9장
2. SWOT: 기업의 환경 분석법으로 강점, 약점, 기회, 위협의 첫 글자를 줄인 단어다.

제4장 인생의 끝을 설계하라

1. 〈시편〉 90장 12절, NIV 성경.
2. 중소기업 창업 전문가인 마이클 거버 Michael Gerber 는 저서인 《사업의 철학 The E-Myth Revisited》에서 비슷한 훈련을 제안한 바 있다. New York: Harper Collins, 1995, 129쪽.
3. 유진 오켈리 Eugene O'Kelly, 《인생이 내게 준 선물 Chasing Daylight》, New York: McGraw-Hill, 2007, 110ff

제5장 우선순위를 정하라

1. 윌리엄 J. 베넷 William J. Bennett, 데이비드 와일졸 David Wilezol, 《대학은 가치가 있는가 Is College Worth It?》, Nashville: Thomas Nelson, 2013. 3장은 다양한 전공과 여러 대학의

투자수익률ROI을 분석하고 있다.

제6장 인생의 경로를 그려라

1. 상상Fantasy의 문제에 관해서: 크리스천 자렛Christian Jarrett, 〈왜 긍정적인 환상이 꿈을 이루는 데 방해가 되는가Why Positive Fantasies Make Your Dream Less Likely to Come True〉, BPS 리서치 다이제스트BPS Research Digest, 2011년 5월 25일, http://digest.bps.org.uk/2011/05/why-positive-fantasies-make-your-dreams.html. 상상이 효과적인 이유에 관해서: 프랭크 나일스Frank Niles, 〈목표를 이루기 위해 시각화를 효과적으로 사용하는 방법How to Use Visualization to Achieve Your Goals〉, 허핑턴포스트Huffington Post, 2011년 8월 17일, http://www.huffingtonpost.com/frank-niles-phd/visualization-goals_b_878424.html. 다른 일에 집중할 때 무의식적인 생각이 어떻게 도움이 되는지 사례를 보려면 톰 스태퍼드Tom Stafford, 〈당신이 생각하는 것보다 당신의 무의식은 똑똑하다Your Subconscious Is Smarter Than You Might Think〉를 확인해보라. BBC.com, 2015년 2월 18일, http://www.bbc.com/future/story/20150217-how-smart-is-your-subconscious. 〈목표 설정과 업무 성과에 대한 새로운 연구 New Development in Goal Setting and Task Performance, eds〉에 실린 시로밋 프리드먼Shlomit Friedman의 〈무의식적으로 목표를 좇게 하다Priming Subconscious Goals〉를 참고해도 좋다. 목표에 대한 자신감과 그 목표의 성취에 관한 연관성에 대해서는 에드윈 A. 로케Edwin A. Locke, 개리 P. 래텀Gary P. Latham, New York: Routedge, 2013의 〈목표 설정과 업무 성과에 대한 새로운 연구〉에 있는 가브리엘 오팅젠Gabriele Oettingen의 〈실행 의도를 갖고 정신적 대비를 통해 목표 추구 조절하기Regulating Goal Pursuit through Mental Contrasting with Implementation Intentions〉를 참고하라.

2. 지금 시대의 적용은 로런스 피어설 잭스 Lawrence Pearsall Jacks 의 《놀이를 통한 교육 Education through Recreation》, New York: Harper and Brothers, 1932, 1~2쪽.

3. 〈시편〉 2장 2절, NASB 성경.

4. 헨리 클라우드 Henry Cloud, 《실패보다 쉬운 성공 원칙 9 9 Things You Simply Must Do to Succeed in Love and Life》, Nashville: Thomas Nelson, 2004, 121~122쪽.

제7장. 온전히 하루를 바쳐라

1. 〈잠언〉 20장 5절, NSAB 성경.

2. 스티븐 프레스필드 Steven Pressfield, 《최고의 나를 꺼내라 The War of Art》, New York: Warner Books, 2003.

제8장. 계획을 실행하라

1. 리디아 사드 Lydia Saad, 〈우리는 일주일에 '40시간'으로 정해진 노동시간보다 실제로 일곱 시간 더 일하고 있다 The '40-Hour' Workweek Is Actually Longer-by Seven Hours〉, Gallup.com, 2014년 8월 29일, http://www.gallup.com/poll/175286/hour-workweek-actually-longer-seven-hours.aspx. 제니퍼 J. 딜 Jennifer J. Deal, 〈항상 스마트폰, 일은 뒷전 Always On, Never Done?〉, 크리에이티브 리더십 센터, 2013년 8월, https://s3.amazonaws.com/s3.documentcloud.org/documents/1148838/always-on-never-done.pdf.

2. 윌리엄 유리 William Ury, 《No, 이기는 협상의 출발점 The Power of a Positive No》, New York

Bantam, 2007, 16쪽

3. 마이클이 블로그에 쓴 글, '기분 좋게 거절하는 이메일 형식 Using E-mail Templates to Say No with Grace'에서 더 많은 예시를 확인할 수 있다. http://michaelhyatt.com/say-no-with-grace.html.

제9장. 계획에 숨을 불어넣어라

1. 데이비드 앨런 David Allen, 《쏟아지는 일 완벽하게 해내는 법 Getting Things Done》, New York: Penguin, 2001, 184~185쪽.
2. 같은 책, 185~187쪽.
3. 더 많은 내용은 마이클의 블로그에서 〈노트하는 습관이 가진 놀라운 능력 The Lost Art of Note Taking〉이라는 포스트를 확인해보라. http://michaelhyatt.com/recovering-the-lost-art-of-note-taking.html.

부록

쉽고 빠른 인생 계획 가이드

이제 당신의 하루를 온전히 할애해 인생 계획을 세울 준비가 되었는가? 그렇다면 당신은 정말 큰 결심을 한 것이다. 그 시간을 최대한 잘 활용할 수 있도록, 인생 계획 수립자를 위한 핵심 요약을 준비했다. 잘 활용하여 당신이 인생 계획을 세우는 과정에서 중요한 것들을 기억하고, 표류하지 않고 잘 나아갈 힘을 얻길 바란다.

유용한 포인트

하루 날을 잡아서 아내나 상사와 같이 당신 주위의 중요한 사람들에게 그날 중요한 계획이 있다고 미리 말해두자. 적절한 장소를 선택해, 글을 쓰고 집중하는 데 필요한 모든 것을 챙기자. 그리고 모든 기기를 꺼두도록 하자.

인생 계획을 시작하기 전에 마음속에 계속 긍정적인 그림을 그려본다. 당신은 비전화된 미래로 향하는 길을 만들고 있다. 이 시간 동안은 감사하는 자세로 간절한 마음으로 자신에게 진솔해져야 한다. 당신이 가는 이 길에 확신을 갖고 마음에서 들리는 소리에 귀 기울이도록 하자. 맞고 틀린 것은 없다. 당신은 당신에게 있어 가장 중요한 것을 생각하고 그것을 그려나가면 된다. 바로 당신의 인생이다.

다음의 다섯 가지 중요한 포인트를 따라가기만 하면 나머지는 어렵지 않다.

1단계 당신의 장례식에서 낭독될 추도문을 작성하라

인생 계획은 당신의 삶이 어떻게 마무리되고 싶은지를 그려보는 것에서부터 시작된다. 목적지 없는 여행을 계획하는 사람은 아무도 없다. 추도문을 써보면, 삶을 마무리할 때 자신의 모습이 어떨지 그려볼 수 있다. 당신은 삶에서 무엇을 남길 것인가? 당신과 가장 가까운 이들에게 당신의 인생은 어떤 의미가 있는가? 그들은 당신을 어떻게 기억할 것인가? 당신은 그들의 삶에 어떤 영향을 미쳤는가?

분명 쉽지 않은 과정이지만 이 작업은 매우 중요하다. 이를 통해 당신은 인생 계획의 첫 단추를 끼울 수 있을 뿐 아니라, 훨씬 진지한 마음으로 인생 계획에 접근하게 될 것이다. 먼저, 당신을 기억해주길 바라는 사람들이 누구인지 적어보자. 여기에는 배우자, 가족, 친구, 회사 동료 등이 포함될 수 있다. 그리고 그들 한 사람 한 사람에게 당신이 어떻게 기억되고 싶은지 적어보자. 성실한 사람, 용감한 사람, 친절한 사람, 항상 도움을 주는 사람 등 그들이 당신을 어떻게 기억해주길 바라는지 적어본다. 이런 내용이 준비됐다면 함께 잘 엮어서 추도문을 만들면 된다.

다른 사람들의 추도문을 보고 싶다면 책 뒤에 나오는 인생 계획 예시를 먼저 읽어봐도 좋다. 당신의 장례식이 미래의 어느 날이 아닌, 바로 오늘 치러진다고 가정하고 글을 쓰는 것이 중요하다. 이 추도문이 오늘 당신의 장례식에 참석한 사람들에게 읽힌다고 생각하며 글을 써보자. 그러면 그들에게 기억되고 싶은 당신의 모습이 무엇인지, 보다 구체적으로 그려볼 수 있을 것이다.

2단계 당신의 인생 계정을 설정하라

추도문 작성을 마쳤다면 이미 인생 계획의 절반은 끝난 셈이다. 누구에게 어떻게 기억되고 싶은지를 작성하려면, 당신이 중요하다고 생각한 인생 계정이 무엇인지 언급할 수밖에 없기 때문이다.

보통 인생 계정으로 '영적 생활, 결혼 생활, 부모, 사회관계, 재정 그리고 개인' 등을 많이 사용한다. 98~103쪽에서는 보다 구체적인 계정 리스트와 각 계정의 내용을 확인할 수 있다. 적게는 다섯 개에서 많게는 열두 개의 계정이 적당하다. 사람들은 평균적으로 아홉 개의 인생 계정을 작성한다. 인생 계획을 처음 작성해보는 사람들은 보통 다음의 항목으로 계정을 구성한다.

- 나 자신
- 재정
- 믿음
- 친구
- 건강
- 일
- 배우자
- 취미
- 자녀

무엇이 되었든 자신에게 가장 잘 맞는 항목으로 작성하면 된다.

3단계 인생 계정의 현재 상태를 파악하라

당신의 인생 계정을 은행 계좌에 비유해보자. 각 계정에 충분한 잔고가 있는가? 잔고가 부족한 계정은 무엇인가? 당신은 일에는 과도하게 투자하지만 가족에게는 충분한 자원을 투입하지 못하고 있진 않은가? 대부분의 사람들이 이와 같은 문제를 갖고 있다. 이 단계에서는 당신이 설정한 모든 계정을 점검하고 무엇이 넘치고 부족한지 확인하면 된다.

4단계 인생 계정의 우선순위를 결정하라

우리는 모두 삶의 우선순위를 갖고 있다. 하지만 정작 삶에서 무엇이 정말 중요한 우선순위인지 제대로 판단하지 못할 때가 많다. 당신에게도 이런 경험이 있지 않은가? 하지만 어떤 계정이 가장 중요한지 결정하는 작업은 매우 중요하다. 그래야만 우리의 행동 방향이 결정되기 때문이다. 당신의 일은 삶 전체에, 구체적으로는 가족, 친구, 지역사회, 교회에 어떤 영향을 미치는가? 만약 당신의 삶에서 무엇이 가장 중요한지를 모른다면, 지금 당신이 가장 관심을 쏟아야 하는 곳에 삶을 집중하기 마련이다.

111~117쪽에서 이와 관련된 팁을 얻을 수 있다. 중요한 것은 나 자신을 잘 돌보는 일을 삶에서 가장 중요하게 생각해야 한다. 내 삶의 모든 영역을 만드는 것이 바로 자신이기 때문이다. 하지만 생각보다 많은 사람들이 정작 자신의 중요성을 쉽게 간과하고 있다.

5단계 각각의 인생 계정을 작성하라

인생 계정을 작성하는 가장 효과적인 방법은 각 항목별 실행 계획을 세우는 것이다. 다음의 다섯 가지 방법은, 삶의 각 영역에서 당신이 원하는 모습을 이루는 데 실질적인 도움이 될 것이다.

1. 각 인생 계정에서 당신의 역할과 책임이 무엇인지를 설명하는 목적 선

언을 작성한다.
2. 이 계정이 잘 관리될 수 있는 미래를 구상해본다. 현재형 문장을 사용해 그 미래를 묘사한다.
3. 좋은 인용구나 격언을 함께 작성해 목적과 비전화된 미래에 당신이 더 잘 공감할 수 있도록 감정적인 연결 고리를 만든다.
4. 당신의 현재 상태를 적어본다. 좋은지, 나쁜지, 별로인지 작성한다. 당신이 스스로에게 솔직하면 할수록, 삶에서 무엇을 변화시켜야 하는지 잘 알게 된다.
5. 마지막으로 현재 모습에서 비전화된 미래로 나아가기 위해 당신에게 필요한 행동을 최대한 구체적인 실천 약속으로 작성한다.

마지막으로 중요한 포인트는 모든 내용이 스마트^{SMART}해야 한다. 실천 약속은 구체적^{Specific}이어야 할 뿐 아니라, 측정 가능^{Measurable}하고, 실천 가능^{Actionable}하고, 현실적^{Realistic}이며 정해진 시간 프레임$^{Time\text{-}bound}$ 안에서 실행돼야 한다. 이 내용을 언제나 상기할 수 있도록 일정표나 할 일 목록에 넣어두면 좋다.

이미 수천 명의 사람이 인생 계획을 세웠고 그 덕분에 삶에서 성취를 경험하며 살고 있다는 사실을 기억하기 바란다. 당신도 그렇게 할 수 있다. 뒤에 나오는 다른 사람들의 인생 계획을 잘 참고하여 많은 도움을 얻기 바란다. 우리 웹사이트 LivingForwardBook.com에서 다음 자료를 얻을 수 있다.

- 인생 평가 프로필 Life Assessment Profile
- 인생 계획 양식 Life Plan templates
- 이상적인 일주일 양식 Ideal Week tool
- 연간 일정표 양식 Annual Time Block tool
- 인생 계획 예시 Life Plan examples
- 기타 양식들

인생 계획서 예시

　어떤 일이든지 다른 사람이 처음에 어떻게 했는지를 알면 훨씬 쉽게 할 수 있다. 지금부터 빌딩 챔피언스의 고객 네 명이 작성한 인생 계획을 살펴볼 것이다. 그들의 인생 계획을 잘 참고하면 당신도 쉽게 시작할 수 있을 것이다. 읽다 보면 각 사람들이 무엇을 위해 어떤 삶을 살고 있는지 알 수 있다. 그리고 그들이 겪는 삶의 어려움도 이해하게 된다.

　각각의 인생 계획은 구성이 조금씩 다르다. 여기에 제시된 모든 인생 계획들은 개인의 삶을 단순히 기술하는 것에서 그치지 않는다. 그들은 모두 자신에게 가장 잘 맞는 방법을 사용해 최대한 구체적으로 인생 계획을 작성했다. 그리고 필요한 범위 내에서 최대한 형식을 갖추어 인생 계획을 기술했다. 인생 계획의 분량은 사람마다 다르다. 그리고 이들 인생 계획 작성자는 다양한 연령대, 직업, 성별을 가진 사람들로 구성돼 있다.

이들은 모두 각자의 삶에서 각기 다른 관점과 접근 방식을 갖고 있다. 하지만 모두에게서 동일하게 나타나는 것이 한 가지 있다. 바로 자신이 원하는 삶을 살려면 삶에 목적을 가져야 한다는 것이다. 책 앞 부분에서와 마찬가지로 이곳에 등장하는 인생 계획의 주인공들은 모두 가명을 사용하고 있다. 또한 너무 사적인 내용은 개인정보 보호 차원에서 수정했다. 일관성 있는 형식을 위해 어느 정도 편집을 거쳤지만 각각의 인생 계획은 최대한 개성이 잘 표현되도록 원본을 그대로 놔두었다.

각 사례를 잘 참고해 당신만의 인생 계획을 세우는 데 도움을 얻길 바란다. 당신에게 가장 잘 맞는 인생 계획을 세우는 데 여기에 있는 내용이 좋은 참고가 될 것이다. LivingForwardBook.com 사이트의 인생 계획 갤러리에서 책에 제시된 인생 계획 외에도 다양한 사례를 참고할 수 있다. 갤러리에서는 당신의 상황과 유사한 환경에 있는 사람들의 인생 계획도 검색할 수 있다.

추도문

톰Tom

생년월일: 1968년 3월 5일
사망일자: 2068년 3월 6일

톰은 가정을 각별히 생각하던 사람이었다. 그는 자녀들의 삶에 긍정적인 영향을 주는 것을 삶의 목표로 삼으며 살았다. 톰과 아내 리사Lisa는 자녀와 손자, 그리고 증손자들을 삶에서 가장 중요하게 생각했다. 리사는 톰의 인생에 있어서 유일한 사랑이었다. 두 사람은 서로를 많이 사랑했고 함께 웃었으며 연인으로서, 또 가족으로서 많은 시간을 함께했다.

톰은 그의 세 자녀가 태어난 날부터 그들을 위해서 무엇이든 해주는 아버지가 되었다. 아이들이 어렸을 때 톰은 그들이 속한 농구팀과 배구팀의 코치가 되어주었다. 그 당시 톰은 아이들에게 항상 같은 것을 강조했다. 신나게, 활기차게, 스포츠맨 정신으로 할 것! 톰의 자녀들은 아버지의 이 가르침을 운동할 때뿐 아니라 인생을 살아갈 때도 적용하며 살

앉다. 신나게, 최선을 다해, 다른 사람에게 친절하고 예의 바르게 살 것!

톰은 성공적인 모기지 회사의 수장으로 20년 동안 조직을 이끌었다. 모기지 분야에서 오랜 시간 커리어를 쌓은 후 그는 고등학교 농구팀의 코치로 성공적인 인생 제2막을 시작했다. 그와 함께했던 수백 명의 선수들이 그를 추모하기 위해서 오늘 이 자리에 참석했다. 톰이 많은 선수들로부터 존경을 받았던 이유는 그가 한 명 한 명을 단순한 선수가 아닌 인격체로 대한 코치였기 때문이다.

톰은 삶의 균형을 매우 중요하게 생각했다. 그는 만나는 사람마다 균형 잡힌 삶이 얼마나 중요한지 늘 이야기했고, 실제로 그러한 인생을 살며 많은 사람들에게 모범이 되었다.

실행 계획서

계정 1: 리사

목적: 아내는 내 인생 최고의 파트너이다. 아내는 그 누구보다도 아름답고, 생각이 깊으며, 나를 잘 이해해주는 사람이다. 또한 그녀는 현명하고 재밌는 사람이기도 하다. 그녀는 운동신경이 뛰어나고 그만큼 스포츠도 사랑한다. 그녀가 행복하고 성공한 모습을 보는 것과 내가 그 과정에 도움이 될 수 있다는 것이 큰 기쁨이다. 우리는 목적에 따라 사는 행복이 가득한 가정을 만들기 위해 최선을 다한다.

장기목표: 나와 리사는 아이들이 다 떠난 후에도 지금처럼 자주 데이트를 할 것이다. 우리의 목표와 꿈을 위해 앞으로도 계속 한마음 한뜻으로 삶을 살아나갈 것이다. 그리고 매일 더 큰 행복을 느끼고 경험하며 살 것이다. 우리의 결혼 생활은 앞으로도 사랑과 열정이 가득할 것이고, 어떠한 난관도 이겨내는 시간이 될 것이다.

단기목표/구체적인 약속:

1. 최소 한 달에 두 번은 '아내와 데이트하는 날'로 정하고, 그날 밤은 아이들 없이 둘만의 시간을 보낸다.

2. 아내와 일주일에 최소 세 번 '조용한 시간'을 가지면서, 함께 와인을 마시거나 같이 앉아서 시간을 보낸다.
3. 우리 가족은 1년에 최소 다섯 번은 집을 벗어나 1박 이상의 휴가를 함께 즐겁게 보낸다.
4. 우리 가족은 3개월에 한 번 매우 신나는 경험을 함께한다.

계정 2: 새라, 샘, 조니

목적: 아이들은 내가 이 세상에서 받은 가장 큰 선물이다. 나는 새라, 샘, 조니를 사랑하고 잘 키우기 위해 할 수 있는 모든 것을 다할 것이다. 그리고 아이들이 안전하고, 즐겁고, 긍정적이며 건강한 환경에서 자랄 수 있도록 늘 지원할 것이다.

장기목표: 나는 아이들과 계속해서 좋은 관계를 유지할 수 있도록 노력한다. 아이들은 육체적, 정신적으로 건강하고 행복한 사람으로 자랄 것이다. 아이들은 나와 리사뿐 아니라 이 사회에도 긍정적인 영향을 미치는 사람이 될 것이다.

단기목표/구체적인 약속:
1. 나는 아이들이 속한 농구팀과 배구팀 코치를 계속할 것이다. 조니와 일

주일에 한 번 함께 학교에서 시간을 보낸다.
2. 아이들의 성장과 동기부여, 코칭 등을 위해 1년에 세 권의 책을 읽거나 전문가와 세 번 상담을 받을 계획이다.
3. 한 달에 한 번 집 밖에서 아이들과 일 대 일로 개인적인 시간을 보낸다.
4. 아이들의 생일이 반 년 정도 지난 시점에 일 대 일로 만나 아이들이 원하는 것을 함께한다.

계정 3: 건강한 신체

목적: 내 건강 상태는 전반적으로 매우 좋은 편이다. 식단과 운동 프로그램은 모두 잘 관리되고 있다. 앞으로도 계속 건강한 삶을 살고 최고의 남편, 아빠, 리더, 친구가 되기 위해 잘 먹고 열심히 운동하며 숙면을 취할 것이다.

장기목표: 앞으로도 주기적으로 건강을 체크할 것이다. 내가 40세에 했던 운동을 50세에 해도 문제가 없을 만큼 몸을 잘 관리한다. 매년 하는 건강 검진의 결과는 양호할 것이다. 또한 1년에 한 번 철인 3종 경기를 완주할 것이다.

단기목표/구체적인 약속:
1. 일주일에 최소 일곱 번 운동하기

2. 2013년 안에 철인 3종 경기 완주하기
3. 매년 건강 전문가로부터 식단과 건강 상태 점검받기
4. 매일 10시 30분 취침하기

계정 4: 일에서 성공하기

목적: 일로 성공해서 우리 가족이 경제적으로 안정될 수 있도록 한다. 또한 나는 모든 직원들에게 모범이 되는 멘토, 리더가 될 것이다.

장기목표: 47세가 될 때, 내가 운영하던 회사를 가능하면 직원에게 최소 300만 달러에 팔 수 있도록 키울 것이다. 그렇게 하면 내가 그동안 일에 쏟았던 시간을 자녀들을 위해 사용할 수 있게 될 것이다.

단기목표/구체적인 약속:
1. 회사의 비전, 사업 계획, 신규 직원 채용, 직원의 장기근속을 위해 계획을 세우고 이를 실천한다.
2. 모든 직원들이 언제나 나에게 금융 구조 설계에 대해 의견을 제시하고, 궁금한 것을 물어보며 코칭을 받을 수 있도록 유연한 회사 분위기를 조성한다.
3. 일과 관련된 책을 1년에 열두 권은 읽는다.

계정 5: 재정 안정성

목적: 나는 47세까지 별도의 수입이 없어도 될 만큼 충분한 자금을 마련한다. 그리고 돈에 대한 걱정 없이 그동안 일하며 썼던 시간을 아이들을 위해 투자한다.

장기목표: 47세가 되면 우리 가족은 농구장이 딸린 집에서 살 것이다. 그리고 45세까지 우리 가족은 내 사업 자산을 제외한 순자산만으로 최소한 200만 달러를 소유할 것이다. 나는 47세까지 최소 300만 달러를 소유할 것이다.

단기목표/구체적인 약속:
1. 나와 리사는 1년에 두 번 재무 전문가와 함께 재무 전략을 점검하고 필요하면 계획을 수정한다.
2. 매년 12월마다 우리 가족의 순자산을 계산한다.
- 부동산 가치 상승분과 대출금 감소분을 반영한 부동산 순자산은 매년 최소 10%씩 증가할 것이다.
- 금융자산과 현금 뮤추얼펀드, 인센티브, 퇴직연금, 예금 등의 순자산이 꾸준한 투자와 저축을 통해 매년 최소 10%씩 증가할 것이다.

계정 6: 친구

목적: 친구들은 삶에서 기쁠 때나 힘들 때 항상 함께해주었다. 나에게는 소중한 친구들이 많다. 그들의 삶에 긍정적인 영향을 주는 사람이 되고 싶다.

장기목표: 앞으로도 중요한 사람들과 가깝게 지내고 자주 교류하며 좋은 관계를 지속할 것이다.

단기목표/구체적인 약속:
1. 매년 대학 동창들과 최소 3일 동안 함께 여행을 간다.
2. 한 달에 한 번 친구 가족을 집에 초대한다. 포커를 치거나 아이들끼리 함께 놀게 하고 저녁식사를 하는 등 함께 시간을 보내도록 한다. 혹은 나와 리사가 친구들과 저녁을 함께 하기 위해 외출할 수도 있다.

계정 7: 가족

목적: 부모님은 최고로 멋진 분들이다. 그분들이 나에게 하신 것처럼 나 역시 앞으로 계속 부모님을 사랑하고 지지할 것이다.

장기목표: 부모님, 양부모님, 처갓집 식구들과 가깝게 지내고 자주 방문할

것이다.

단기목표/구체적인 약속:

1. 두 달에 한 번 점심이나 저녁을 함께하며 어머니와 시간을 보낸다.
2. 한 달에 한 번 아버지와 전화통화를 한다.

추도문

레이첼 Rachel

　레이첼은 내가 만난 그 누구보다도 다정한 사람이었다. 그녀는 언제나 미소를 잃지 않았고 매사에 긍정적이었다. 어려서부터 포기할 줄 모르고 무슨 일이건 적극적으로 임했던 레이첼의 출중한 면모는 그녀가 성장하는 과정에서 계속 엿보였다. 레이첼은 고등학교 졸업을 앞두고 같은 학년 중에서 '가장 성공할 것 같은 학생'으로 뽑히기도 했다. 레이첼은 교육계에서 일하고 싶다는 강한 열정을 갖고 있었고, 마침내 3년 만에 대학교를 졸업해 바로 교육학 석사를 마쳤다.

　레이첼은 훌륭한 교육자였다. 누구보다도 아이들을 사랑했고 학생들이 잘 성장하도록 최선을 다했다. 그녀는 학생들 모두가 자기 자신이 가치 있다고 느낄 수 있도록 건강한 학습 환경을 구축하기 위해 노력했다. 교육자로서 학생들의 성취에 보다 많은 영향을 미칠 수 있도록 레이첼은 교육공학자와 교감으로 일하기도 했다. 그녀는 졸업한 제자들과도 계속 관계를 맺으며 그들에게 지원을 아끼지 않았다.

　레이첼은 사람들이 스스로의 가치와 자존감을 느끼도록 하는 데 탁월했다. 그녀에게는 만나는 모든 사람들이 세상을 이길 수 있다는 자신감을 갖도록 하는 뛰어난 능력이 있었다. 레이첼은 일로 만나는 사람들과도 좋은 관계를 형성하며 그들과 친한 친구가 되었다. 그리고 그들 역시도 레이첼을 믿음직한 파트너이자 좋은 동료라고 생각했다.

레이첼은 교육 세일즈 분야에서도 탁월한 성과를 보였다. 늘 자신이 맡은 영업량을 달성했다. 레이첼에게는 항상 교육에 대한 열정이 있었고, 그녀는 아이들의 성취를 위해 늘 최선을 다했다. 매 순간 성실하게 고객들을 대했고 고객들도 그녀의 진심을 잘 알아주었다. 학교에서나 일을 담당하는 지역에서나 그녀는 좋은 파트너였고 존경받는 동료였다.

레이첼에게는 남들이 쉽게 가질 수 없는 재주가 있었다. 그녀는 가는 곳마다 분위기를 밝게 만들고 만나는 사람의 마음을 사로잡곤 했다. 레이첼은 진실한 사람이었고 의지할 수 있는 사람이었다. 그녀는 내가 만난 가장 따뜻한 마음의 소유자였다.

레이첼의 삶에서 가장 중요한 것은 바로 그녀의 신앙이었다. 삶의 어려운 환경에서도 레이첼은 항상 긍정적이었고 하나님께서 그녀에게 항상 좋은 것을 주신다고 확고히 믿었다. 자신의 연약함, 어려웠던 시간들이 다른 사람에게 힘이 될 수 있다고 생각했고, 실제로 힘이 되는 삶을 살았다. 그녀는 삶에서 겪었던 어려움은 하나도 버릴 것이 없다고 믿었고, 그 시간들이 자신뿐 아니라 다른 사람이 성장하는 데도 좋은 자양분이 된다고 생각했다. 레이첼은 늘 발전하는 삶을 살았던 사람이었다.

그녀가 많은 시간 동안 참여한 선교 활동을 보면, 예수님을 얼마나 사랑했는지 알 수 있다. 나는 레이첼이 시간이 날 때마다 교회를 다녔던 모습이 기억난다.

열심히 국내 선교를 하던 레이첼은 30대에 예수님의 사랑과 소망을 전하기 위해 중남미로 선교를 가기도 했다. 그녀는 과테말라를 특별히 생각했으며, 현지에 직접 가서 선교 활동을 했다.

레이첼은 가족을 아주 사랑했다. 레이첼은 딸이자, 동생, 이모, 숙모, 조카였고 아무리 멀리 있는 가족이라도 그들과 함께하는 시간을 소중히 여겼다. 그녀의 어머니 나오미와 언니인 타냐는 레이첼에게 둘도 없는 가장 좋은 친구였다. 레이첼은 그들과 보내는 시간을 가장 소중하게 생각했다. 세 모녀에게는 아주 친밀하고 깊은 유대감이 있었다.

삶에 조금이라도 여유가 생기면 레이첼은 테니스를 치거나 마당을 가꾸며 시간을 보냈다. 햇볕 아래에서 보내는 시간은 그녀에게 큰 기쁨이었다. 또한 그녀는 누구보다도 지식과 정보에 대한 갈증이 많은 독서광이기도 했다.

레이첼은 여러 면에서 자기만의 색이 확고한 사람이었다. 나는 레이첼만큼 헌신적이고 신뢰할 수 있으며 배려심이 넘치고 진실된 사람은 없다고 생각한다.

실행 계획서

계정 1: 하나님

비전화된 미래: 하나님의 의지와 목적을 따르며 그분을 섬기는 삶을 살고 싶다. 하나님 나라의 확대를 위해 활동하고 그분의 사랑과 소망을 다른 사람에게 전하는 사람이 되고 싶다.

목적: 하나님을 향한 내 믿음과 헌신을 그 누구도 의심할 수 없도록 그런 삶을 사는 것이 목적이다. 다른 사람들이 나를 통해 하나님을 만났으면 좋겠고, 그들이 내 삶의 기쁨과 소망이 하나님께로부터 온다는 것을 알았으면 좋겠다. 나는 예수님의 향기를 내는 사람이 되고 싶다.

구체적인 약속:
- 하나님과 교제하고 기도하기 위해 최소 하루에 30분의 시간을 따로 갖는다.

- 신앙 서적을 한 달에 한 권 읽는다.
- 하루 동안 내게 있었던 모든 일에 대해 하나님과 계속 대화한다.
- 1년에 한 번 예수님을 주제로 하는 기독교 컨퍼런스에 참여한다.

어려움:
- 하나님과의 충만한 교제 시간을 갖기에는 삶이 너무 바쁘다.
- 보통 저녁에 무언가를 읽는 습관이 있다. 그래서 피곤하면 읽는 것을 포기하고 잠을 자버리게 된다.

계정 2: 나 자신

비전화된 미래: 자유롭고 융통성 있으며 봉사하는 삶을 사는 행복한 사람이다. 앞으로도 나 자신을 위해 꾸준히 투자할 것이고, 지적으로나 영적으로 더욱 성장할 것이다. 내 정신과 신체를 건강하게 관리할 것이다.

목적: 삶의 모든 순간에 예수님의 사랑을 드러낼 수 있는 긍정적이고 모범이 되는 삶을 사는 것이 목적이다.

구체적인 약속:
- 한 달에 한 번 모든 것으로부터 단절된 시간을 갖는다.
- 최고의 내 모습을 위해 앞으로도 인생 계획을 꾸준히 점검하고 발전시킨다.

- 일요일 오후는 휴식과 평안을 위해 조용하게 시간을 보낸다.
- 1년에 두 번은 나 홀로 여행을 떠나서 충분히 쉬고 재충전하며 하나님과 오롯한 시간을 보내도록 한다.
- 2015 월드 도미네이션 서미트 World Domination Summit 에 참석해 마음이 잘 통하는 기업가들을 만난다.

어려움:

가장 큰 어려움은 내가 하는 일, 스스로에게 한 약속들에 과하게 몰입할 수 있다는 점이다. 그러면 이 계정에 대한 중요성은 자연스레 줄어들게 되어 삶의 우선순위에서 밀려날 수 있다.

계정 3: 가족

비전화된 미래: 나는 연로하신 부모님을 잘 돌봐드리는 책임감 있는 딸이다. 지금의 내가 될 수 있기까지 헌신하신 부모님께 갚을 수 없는 큰 빚을 졌다. 따라서 부모님과 최대한 많은 시간을 보내고, 그분들 삶의 중요한 순간에 도와드리는 딸이 되고 싶다.

형제자매와 그들의 가족 역시 중요하다. 나는 물질적으로나 정신적으로 그들에게 도움이 되는 사람이 될 것이다. 친척들 역시 내 인생에 큰 의미가 있다. 나는 그들이 필요로 할 때 기꺼이 그들을 돕고 봉사할 수 있는 사람이 되고 싶다.

목적: 내 가족, 그들이 필요로 하는 것을 내 삶의 중요한 우선순위로 정한다. 이 땅에서 우리의 시간은 정해져 있다. 그들과 함께할 수 있도록 나에게 허락된 시간 동안 가족을 깊이 사랑할 것이다.

구체적인 약속:

- 부모님께서 연로해지실수록 내가 더 인내해야 한다. 그분들이 겪고 있고, 앞으로 겪으실 정신적, 신체적 어려움을 잘 이해한다.
- 부모님과 기억에 남는 여행을 자주 떠난다. 부모님께서 여력이 안 되시면 내가 여행비를 지원한다.
- 한 달에 한 번 주말은 부모님과 함께 보낸다. 내가 부모님 가까이 이사를 가기 전까지는 쉽지 않은 약속이 될 것이다.
- 나와 언니의 여건이 되는 대로, 1년에 두 번 언니 집에서 주말 시간을 함께 보내거나 여행을 같이 간다.
- 남동생 내외와 문자나 전화로 연락한다. 우리가 자주 연락하는 사이는 아니었기 때문에 이것은 분명 큰 변화이다. 그들 부부와 연락을 잘 안 하게 된 별다른 이유는 없다. 그냥 살다 보니 자연스럽게 이렇게 됐다. 동생 부부와 좋은 관계를 맺도록 한다.
- 친척들이 모두 함께 모이는 가족 모임에 최소 1년에 두 번 참여한다.
- 친척들과 꾸준히 연락하고 지낸다.

어려움:
- 시간 부족
- 거리
- 모두의 일정 조율

계정 4: 봉사

비전화된 미래: 봉사할 시간이 부족하다면 그것은 회사 때문이 아니라, 하루가 24시간밖에 되지 않기 때문이다. 나는 예수님의 사랑과 소망을 전하기 위해 내 교회와 지역사회, 그리고 다른 나라에서 봉사하고 있다.

목적: 하나님께서 나에게 많은 축복을 주셨고, 나는 그분이 허락해주신 선하심과 자비하심을 절대 다 갚을 수 없다. 내가 만나는 사람들에게 하나님의 사랑과 소망을 나누며 사는 것이 목적이다.

구체적인 약속:
- 한 달에 두 번 토요일 저녁에 '사랑의 밥차 Feed the Need'를 위해 봉사한다.
- 1년에 해외 선교를 최소 두 번 떠난다.
- 어려운 형편에 있는 사람이나 노숙자, 혹은 내 도움이 필요한 사람들을 집에 초대해 저녁 식사를 제공한다.
- 교회와 지역사회에 봉사할 수 있는 다양한 기회를 열심히 찾고 기도한다.

어려움:
매일 출퇴근하는 직업 특성상 봉사를 위해 할애할 수 있는 시간의 양과 질이 줄어들 수 있다.

계정 5: 커리어

비전화된 미래: 나는 자영업을 하며 경제적인 걱정 없이 하나님 나라가 널리 퍼질 수 있게 봉사하는 삶을 산다. 나와 비슷한 길을 가는 사람들에게 힘을 주고, 하나님의 사랑과 소망을 나누기 위해 블로거 활동을 한다. 고정적인 수입원이 될 수 있는 부동산을 소유한다. 시간이 허락하는 한, 교육자들에게 전문성 개발 기회를 제공하기 위해 국내외 여행을 한다. 그리고 지금 내가 다니고 있는 회사와도 독립적인 영업 관계를 유지한다. 앤틱 제품을 취급하는 상점 안에, 리폼이 잘된 가구나 앤틱 소품을 팔 수 있는 나만의 공간을 계속 갖도록 한다.

목적: 자영업을 하면서 돈을 벌고 경제적인 안정을 얻는다. 그렇게 되면 내가 봉사하면서 하나님 나라가 널리 퍼질 수 있도록 일할 수 있는 시간과 기회가 더 많아질 것이다.

구체적인 약속:
- 2015년에는 경제적으로 안정을 얻는다.

- 2015년에 임대 목적의 부동산을 소유한다.
- 2015년에 블로그를 한다.
- 앤틱 상점에 내 부스를 마련한다.
- 그동안 쌓은 업무 네트워크를 통해 프리랜서로 활동할 수 있는 기회를 찾는다.

어려움:
- 회사에서 정규직으로 일하는 것이 안정적이라는 잘못된 믿음 때문에 주변에서 걱정과 우려를 한다.
- 이런 선택을 하기 어렵게 만드는 다양한 기회들이 있다.

계정 6: 인간관계

비전화된 미래: 나는 인간관계가 넓은 편이다. 그리고 정말 친한 소수의 친구들도 있다. 앞으로도 지금처럼 주위 사람들과 좋은 관계를 유지하기 위해 최선을 다한다. 그리고 가족보다도 가까운 친한 사람들은 특별히 관리한다. 나는 늘 그들에게 진심으로 대하고 그들에게 의지할 수 있는 사람이 된다. 그들이 나를 필요로 할 때 반드시 함께한다.

목적: 내 가장 친한 친구들과 오랜 시간 동안 지속될 수 있는 깊고 진실한 관계를 맺는다.

구체적인 약속:

- 친구들과 최소 한 달에 하루 저녁은 함께 자며 보낸다.
- 1년에 한 번 친구들과 여행을 간다.
- 정말 친한 친구들을 위해 기도하고 자주 연락해 그들을 챙긴다.
- 필요할 때 친구들에게 힘이 되는 메시지를 보낸다.

어려움:

- 혼자만의 시간을 좋아하는 나는 친구들과 만나고 준비하는 시간보다 쉬는 것을 편하게 느낀다.
- 친구들에게 연락하고 싶은 마음은 굴뚝같지만, 우선순위에서 밀리거나 다른 일이 생겨 못하게 될 수 있다.

계정 7: 재정

비전화된 미래: 나는 빚이 전혀 없다. 늘 절약하며 살았고 사회 초년생 때부터 저축을 했기 때문에 은퇴 후에도 경제적으로 걱정할 필요가 없다. 나는 프리랜서로 일하고 있다. 그리고 부동산 임대와 블로그 활동으로도 소득이 있다. 하나님께서 나에게 허락하신 물질의 축복을 청지기적 사명을 갖고 잘 관리하며 산다. 선교사들과 선교 단체를 후원하고, 소득의 10분의 1 이상을 기부한다. 나는 부자가 되고 더 많이 갖는 것보다 안정된 삶, 많은 경험, 자선 활동에 더 많은 시간과 물질을 쓸 수 있는 사람이 되고 싶다.

목적: 목적은 계속해서 소득을 얻고 경제적으로 안정되며 빚 없는 삶을 사는 것이다. 또한 내가 번 돈으로 교회와 기독교 단체를 후원하며 하나님 나라가 널리 퍼질 수 있도록 한다.

구체적인 약속:
- 매년 퇴직연금 기여금액을 최대로 관리한다.
- 근로소득 외에 수입 창출에 도움이 되는 방법을 연구하기 위해 책을 읽는다. 예를 들어, 제프 워커Jeff Walker의 《런치Launch》나 티모시 페리스Timothy Ferriss의 《일주일에 네 시간만 일하는 법The 4-Hour Workweek》.
- 보다 여유로운 시간 확보를 위해 급여를 덜 받더라도 건강한 삶을 살아간다.
- 연간 소득의 20%나 혹은 그 이상을 기부한다.
- 회사를 그만두고 자영업자가 되기 전에 재무상담가와 만나 큰 그림을 그린다.

어려움:
- 자영업자로서 소득이 안정되지 못하면 은퇴 자금과 자선 활동에 사용할 수 있는 돈이 줄어든다.
- 예측하지 못했던 상황이 발생하면, 안정적인 재무 상태에도 변화가 올 수 있다. 그리고 이런 생각은 걱정으로 이어지게 된다.

계정 8: 건강

비전화된 미래: 나는 팔레오 다이어트를 하고 매일 꾸준히 운동해서 몸무게와 체질량 지수를 건강한 수준으로 유지한다.

목적: 내 몸은 하나님의 성전이다. 최선을 다해 건강을 관리해 하나님의 의지와 계획을 잘 실천하는 삶을 살 것이다.

구체적인 약속:
- 일주일에 10마일 이상 걷는다.
- 일주일에 두 번 테니스를 친다.
- 고단백 저탄수화물 위주로 식사를 하고 과일과 야채를 많이 먹는다.
- 매일 하루 5~6병 정도의 물을 마신다.
- 장시간 밖에 있을 때는 선크림을 바른다.

어려움:
- 여행 중에는 건강하게 잘 먹고 규칙적으로 운동하며 물을 충분히 섭취하기 어려울 수 있다.
- 시간이 부족하거나 에너지가 없을 때 테니스를 치지 않게 된다.

계정 9: 취미와 여행

비전화된 미래: 여행과 여가 생활이 가능한 삶을 산다. 하나님께서 행하신 놀라운 일들을 경험하기 위해 국내외로 여행을 떠난다. 삶에 더 감사할 수 있도록 새로운 문화들을 경험한다.

목적: 작은 것에 감사하고, 풍성하고 충만하며 문화적 다양함이 가득한 삶을 산다.

구체적인 약속:
- 일주일에 두 번 테니스를 친다.
- 한 달에 1~3권 정도의 책을 읽는다.
- 선교와 여행을 위해 1년에 2~3번 해외로 나간다.
- 매년 미국에서 안 가본 곳을 세 군데 이상 가본다.
- 초록이 무성하고 형형색색 꽃이 만발한 마당을 가꾼다.

어려움:
- 다른 일이나 개인적인 약속들 때문에 취미 활동은 뒷전이 되기 쉽다.
- 매일 회사에 출근해야 하며 부족한 휴가로 원하는 만큼 여행을 가지 못한다.

내 삶의 결과

안젤라 Angela

인생에서 소중한 사람들이 내 삶을 다음과 같이 기억해주기를 바란다.

- 그레이스: 어떤 일에든 함께 있어주고 온 마음을 다해 그레이스를 사랑한다.
- 엄마와 새아빠: 항상 옳은 일을 한다.
- 티모시: 항상 그레이스가 우선인 삶을 산다.
- 케이트: 늘 케이트의 곁에 있고, 함께 즐거운 시간을 보내며 잘 챙긴다.
- 회사의 우리 팀: 힘이 되어주고 의지할 수 있는 사람이다.
- 프랭크: 필요로 할 때 함께 있어주고, 롤 모델이 된다.

추도문

안젤라가 여기에서 잠들다. 그녀는 딸 그레이스와 부모 준과 데이비드의 사랑을 받은 엄마이자 딸이었다. 그녀는 담보대출 분야에서 성공적으로 커리어를 쌓았다. 이른 나이인 열아홉 살에 신입으로 시작해 나중에는 콜로라도주 전체 담보대출 총괄로 일했다. 안젤라가 일했던 은행 사람들은 입을 모아 그녀가 열심히, 헌신적으로 일했던 사람이라고 말했다. 이 같은 노력과 헌신은 안젤라의 삶 전체에서 그녀를 설명하는 키워드였다. 안젤라는 무슨 일을 하든지 강한 의지와 결단력을 갖고 진행했다.

사람들은 잘 몰랐겠지만 안젤라는 늘 자신에게 친구가 별로 없다고 생각했다. 하지만 안젤라는 그들이 필요로 할 때 항상 곁에 있어주었고, 기쁜 일들을 함께했다. 그녀는 소중한 친구들과 캠핑과 하이킹을 가는 것을 좋아했고, 자주 운동을 함께 했다. 또한 친구들과 칵테일을 함께 마시고 존 히아트^{John Hiatt}의 콘서트를 즐겨 갔다. 안젤라는 누가 봐도 항상 진실한 사람, 늘 인내하는 사람이었다. 그녀는 기분이 안 좋을 때마다 ^{그럴 때마다 안젤라는 계단에 앉아 있곤 했다} 바로 툭툭 털고 다시 일어났다.

안젤라가 가장 사랑했고 자랑스럽게 생각했던 사람은 바로 딸 그레이스였다. 그녀는 그레이스가 항상 최선을 다하도록 지원했고, 자신처럼 강하고 독립적인 사람이 되도록 가르쳤다. 안젤라는 자신의 삶에서 가장 큰 성공이라고 할 수 있는 그레이스를 항상 자랑스럽게 생각했다. 그레이스, 엄마는 너를 정말 사랑했어!

실행 계획서

계정 1: 그레이스

비전화된 미래: 오늘 우리는 하와이로 떠난다. 막 대학을 졸업한 그레이스를 축하하기 위해, 우리가 가장 좋아하는 하와이로 여행을 간다. 그레이스의 남자 친구는 우리 모녀가 충분히 시간을 함께 보내라고 일주일의 하와이 여행을 흔쾌히 허락해주었다.

　딸에게 좋은 남자 친구가 있어서 기쁘다. 그녀의 남자 친구는 그레이스의 독립심을 잘 이해해주는 사람임이 분명하다. 그레이스가 몇 주 뒤부터 인턴을 시작하기 때문에 하와이에서 함께하는 휴식은 최고의 시간이 될 것이다. 나는 딸과 함께 스노클링과 쇼핑을 할 것이다. 그냥 수영장에서 시간을 보내는 것만으로도 너무 즐거울 것 같다. 물론 하이킹도 있다. 딸과의 시간을 즐길 수 있다는 건 정말 감사한 일이다.

목적: 내 삶에서 그레이스가 우선순위라는 것을 그녀가 아는 것, 그리고 딸과 함께 즐거운 시간을 보내는 것이다.

구체적인 약속:

1. 엄마와 그레이스의 날: 월 1회 오롯이 우리 둘만이 보내는 시간을 갖는다.
2. 시간 지키기: 그레이스를 데리러 가거나 다른 약속이 있을 때 꼭 시간을 지킨다.
3. 매일 체크하기: 하루의 안부 묻기, 독서노트 작성하기, 숙제와 바이올린 연습 점검하기.

계정 2: 건강

비전화된 미래: 우리는 하와이 여행을 매우 고대하고 있다. 내일은 하루 종일 하이킹을 한 후 돌아와서 수영을 할 계획이다. 50대가 코앞인데도 나는 여전히 수영복이 잘 어울리는 몸매를 유지하고 있다. 또한 폭포 하이킹을 할 수 있을 만큼 충분한 체력도 있다. 시원하게 떨어지는 폭포, 울창한 대나무숲, 드넓은 열대우림 등 경치가 너무 멋지다. 하와이는 천국이다.

목적: 삶에서 경험할 수 있는 모든 것, 특히 야외 활동을 충분히 즐길 수 있는 체력을 갖춘다. 그리고 원하는 어떤 옷이든지 잘 맞도록 몸매를 유지한다.

구체적인 약속:

1. 헬스: 주 5회 헬스장에서 한 시간 운동한다.
2. 신체활동: 2주에 1회 하이킹, 수영, 자전거 등 실외 활동을 한다.
3. 영양섭취: 매일 과일, 채소, 저단백질 식품 등 건강한 유기농 음식을 섭취한다. 절제되고 계획적인 식습관을 갖는다.

계정 3: 재정

목적: 필요할 때 사용할 수 있도록 돈을 모은다. 그리고 단기목표를 이룰 수 있도록 규칙적으로 저축한다.

구체적인 약속:

1. 저축하기: 매달 사용하지 않거나 쉽게 손대지 않는 계좌에 500달러씩 저축한다.
2. 퇴직연금 늘리기: 매달 퇴직연금에 붓는 액수를 늘려간다.
3. 소비 줄이기: 돈을 목적에 따라 신중하게 사용한다 쇼핑할 때는 리스트를 만든다.

계정 4: 집

목적: 우리 집에 보다 자부심을 갖고 집에서 보내는 시간을 즐긴다.

구체적인 약속:

1. 정리정돈: 설거지를 하고 아래층에 쌓인 잡동사니를 이틀에 한 번 정리한다.
2. 화장실과 바닥 청소: 2주에 한 번 화장실 욕조, 변기, 세면대, 바닥을 청소한다. 청소기와 걸레로 바닥을 깨끗이 청소한다.
3. 빨래: 매일 빨래를 해서 건조시켜 갠다.
4. 차고 정리: 4개월에 한 번 차고를 정리해 불필요한 것은 기부하고 쓰레기는 버린다.

계정 5: 친구

목적: 친구들과 더 깊은 관계를 유지하고 새로운 친구를 사귄다.

구체적인 약속:

1. 연락하기: 매일 전화, 이메일, 페이스북을 통해 1~2명의 친구에게 연락한다.
2. 약속 잡기: 2주에 한 번 친구와 점심이나 저녁 혹은 다른 약속을 잡는다.
3. 좋은 일 하기: 매달 상대방을 위해 한 가지 좋은 일을 한다.

계정 6: 즐거움

목적: 밖에 나가 아이와 함께 혹은 아이 없이 어른이 즐길 수 있는 삶을 즐긴다.

구체적인 약속:

1. 밖에 나가기: 매주 최소 20~30분가량 걷거나 하이킹을 한다.
2. 새로운 것 도전하기: 4개월에 한 번은 해보지 않은 일에 도전해본다 ^{수업, 자원 봉사 등}.
3. 북클럽을 시작한다: 매월 북클럽을 함께할 사람들을 찾는다.
4. 캠프: 매월 레저용 자동차를 타고 캠프를 간다.
5. 계정 5의 2번째 항목을 확인한다.

내 삶의 결과

스캇Scott

내 삶을 누가 기억해주면 좋겠는가?
- 하나님
- 아내, 캐서린
- 아이들: 마크, 세스, 닉
  그리고 아이들의 미래 배우자와 가족들
- 가족
- 친구들
- 직장 동료들
- 일로 만난 사람들과 지인들

그들에게 나는 어떤 사람으로 기억되고 싶은가?
- 삶을 통해 예수 그리스도가 나의 주인이고 구원자이심을 증거한 사람
- 캐서린과 평생의 동반자가 되겠다고 한 약속을 실천한 남편
- 가족을 삶에서 최고의 가치로 여기며 모든 가족, 직원을 위해 조건 없는 사랑을 실천한 사람
- 목적이 이끄는 삶을 통해 하나님의 계획을 발견하며 그 계획대로 살

려는 열정이 가득한 사람
- 가족 및 친구들과 함께 삶을 즐기고 경험을 공유하기 위해 최선을 다한 사람
- 기도로 하나님의 의지와 계획을 찾고 그 과정에서 하나님 나라, 가족, 동료, 친구, 지인들에게 긍정적인 가치를 전한 사람
- 사랑이 가득하고, 정이 많고, 친절한 사람. 관대하며 늘 누군가에게 도움을 주려 한 사람
- 매우 진실하고 솔직하며 긍정적인 사람
- 최고를 위해 최선을 다한 사람
- 서번트 리더십으로 사는 사람 다른 사람들이 원하는 것을 얻도록 돕는 삶을 살면 원하는 무엇이든 이룰 수 있다
- 좋든 안 좋든 삶의 모든 경험은 하나님이 내 삶에 가장 알맞게 준비하신 계획임을 확고히 믿는 사람
- 매일 기도를 통해 하나님께 우리가 들어가 탐구해야 할 문은 열어주시고, 피해야 할 문은 닫아달라고 간구한 사람

실행 계획서

계정 1: 하나님

비전화된 미래: 하나님께 더 가까이 나아가는 삶을 살고 싶다. 매일 성경을 공부하고 기도하면서 나를 향한 하나님의 계획을 알고, 최선을 다해 그 뜻을 이루길 원한다. 하나님께서 나를 향한 구체적인 계획을 갖고 계시는 것을 안다. 그리고 나 역시 그분이 원하시는 것을 이루는 삶을 살길 원한다. 그렇게 되면 내 삶은 영원한 의미와 목적을 갖게 될 것이다. 하나님 나라와 내 가족, 친구, 동료, 지인들에게 긍정적 가치를 전하는 삶을 살고 싶다.

목적: 의미 있고 목적이 이끄는 삶을 사는 모범적인 크리스천이 되고 싶다. 그래서 하나님께서 내게 주신 재능을 활용해, 가족과 주위 사람들이 최고의 능력을 발휘할 수 있도록 돕고 싶다. 또한 그들이 만나는 사람들의 삶에도 긍정적인 영향을 끼칠 수 있도록 그들을 도와주고 싶다.

구체적인 약속:
- 매일 아침 기도와 묵상 시간을 갖는다.
- 자기 전에 개인적으로 성경 공부를 하고 경건한 시간을 갖는다.
- 매주 그룹 성경 공부에 참여한다.
- 규칙적으로 교회에 간다.
- 내 인생 계획을 돌아보고 업데이트하기 위해 1년에 2일은 개인적인 시간을 갖는다 [6, 12월].

계정 2: 캐서린

비전화된 미래: 캐서린은 앞으로도 내 가장 친한 친구이자 여행 파트너이고 연인일 것이다. 우리는 즐거웠던 시간, 함께 했던 모험들, 그리고 가족과 친구들로 우리의 추억을 가득 채울 것이다. 그리고 자녀에게는 부모이자 멘토로서의 중요한 역할을 계속해서 성실히 수행할 것이다. 가족과 친구들이 우리를 필요로 할 때 그들 곁에 있을 것이고, 지원할 것이다.

목적: 하나님께서 나와 캐서린을 서로에게 영원한 동반자로 선택해주셨다. 우리는 마치 한 몸처럼 같은 목적, 목표, 신념을 갖고 살 것이고, 깊은 유대감을 바탕으로 행복하고 굳건한 가족을 만들 것이다.

구체적인 약속:
- 함께 여행을 가고, 집을 떠나 새로운 경험을 즐긴다.
- 출장과 마스터스 코치 행사에 캐서린과 동반한다.
- 캐서린이 하루를 어떻게 보내는지 매일 먼저 전화로 안부를 묻는다.
- 일주일에 최소 한 번은 5시까지 퇴근한다.
- 종종 캐서린과 점심이나 아침을 밖에서 함께 먹는다.
- 한 달에 한 번 쇼핑이나 관광 등의 여가 시간을 함께한다.
- 수시로 꽃, 선물 등 재미있는 서프라이즈 이벤트를 해준다.
- 저녁에 데이트를 하거나 온천, 모닥불 캠핑을 함께 즐긴다.

계정 3: 자녀

비전화된 미래: 자녀들과 그들의 가족 및 친구들은 모두 우리와 함께하는 시간을 즐거워한다. 그들과의 만남이 거듭될수록 우리 가족은 더욱 견고해질 것이다. 자녀들은 우리로부터 크리스천 가족으로서의 중요한 가치와 일터에서의 윤리를 배울 것이다. 그리고 자녀들 모두 사랑이 넘치는 견고한 가정을 일굴 것이다. 자녀들은 더 가치 있는 하나님 나라를 만들기 위해, 목적을 따르는 의미 있는 삶을 살 것이고 하나님께 영광을 돌릴 것이다.

목적: 아이들의 멘토가 되어 크리스천의 가치를 가르치는 것이 바로 내 책임이다. 나는 온 가족이 평생 예수 그리스도를 자신의 주인과 구세주로 섬기는 삶을 살고, 예수님이 그들 삶의 풋대가 되도록 기도한다. 그것이야말로 우리가 자녀들에게 물려줄 가장 큰 유산이 될 것이다.

구체적인 약속:
- 자녀들에게 일주일에 여러 번 먼저 연락을 취한다.
- 자녀들이 무엇을 필요로 하고 걱정하는지 항상 들어준다.
- 한 달에 한 번은 아이들과 일 대 일로 만난다.
- 한 달에 두 번은 온 가족이 함께하는 시간을 갖는다.
- 크리스마스와 추수감사절에 온 가족이 함께 집에 모이거나 여행을 간다.
- 자녀들의 배우자와 사돈을 가족의 일원으로서 무조건적으로 사랑하고

열린 마음으로 환영한다.

계정 4: 다른 가족들

비전화된 미래: 그들이 정신적, 육체적, 물질적으로 기쁠 때나 힘들 때 내가 항상 도울 준비가 되어 있다는 것을 알길 바란다.

목적: 내 역할은 가족들에게 꾸준히 연락하고 도움을 주는 것이다. 또한 함께할 수 있는 시간을 계획하고 적극적으로 멘토 역할을 하는 것이다. 이를 통해 내 자녀들에게 가족의 중요성을 느낄 수 있도록 한다.

구체적인 약속:
- 어머니에게 일주일에 여러 번 전화하고 자주 방문한다.
- 우리 가족 행사에 그들을 초대한다.
- 조카들이 나를 든든한 지지자로 여길 수 있도록 편지나 이메일을 보낸다.
- 우리 목장에 초대한다.

계정 5: 가까운 친구들

비전화된 미래: 캐서린과 나는 가깝게 지내는 친한 친구들을 사귀고 그들과 함께 즐거운 시간을 보낸다. 그리고 서로의 가족을 위해 여러모로

지원한다.

목적: 가족 외의 사람들과 쌓는 우정은 삶의 경험을 공유하고 즐기기 위해서 중요하다. 또한 서로의 가족을 지원할 수 있는 공동체를 형성하는 데도 아주 중요하다.

구체적인 약속:
- 일주일에 하루 저녁은 친구들과 함께 영화를 보고 저녁을 먹는다.
- 4개월에 한 번 와인, 수영장, 스파 파티를 하거나 '남자들의 밤'을 정해서 함께 포커나 골프를 치고 호숫가 별장에서 함께 시간을 보낸다.
- 친구들과 여행을 간다.

계정 6: 건강과 운동

비전화된 미래: 몸을 잘 관리해서 평생 102kg 이하로 몸무게를 유지한다. 자녀들이 건강한 라이프스타일을 가질 수 있도록 내가 모범이 된다.

목적: 내 인생 계획과 꿈, 목표를 달성하고 캐서린과 가족, 친구들과 앞으로도 계속 즐거운 시간을 갖기 위해 건강을 잘 관리해야 한다.

구체적인 약속:
- 목표 몸무게를 세우고 점검한다.

- 심혈관 건강과 체력 강화를 위해 운동한다. ^{일주일에 네 차례, 최소 30분}.
- 6개월에 한 번 치과 진료를 받는다.
- 1년에 한 번 건강 검진을 한다.
- 의사의 권유가 있을 때마다 결장경 검사를 받는다.

계정 7: 자산 유지 및 관리

비전화된 미래: 캐서린과 나는 투자 소득으로 세전 매월 10만 달러를 꾸준히 벌 수 있도록 재산을 모을 것이다. 그리고 그 계좌에 있는 돈은 사용하지 않는다.

목적: 캐서린과 나는 투자 소득으로 가족, 친구, 사업 전략, 건강, 여가, 여행, 자선 등에 필요한 자금을 확보한다.

구체적인 약속:
- 구체적인 계정들이 포함된 가족의 대차대조표를 매월 작성한다.
- 안전한 투자 전략을 짠다.
- 자산 소유권을 가족합자회사^{family limited partnerships}로 이전한다.
- 가족의 자산 운용 전략과 유언장을 업데이트한다.

계정 8: 성공적인 사업

비전화된 미래: 정직, 가족 중심, 기독교적 가치관이 기반되는 회사를 운영하고, '하나님이 주신 우리의 재능을 통해 회사 직원, 관계자, 고객, 서비스를 제공하는 모든 사람들의 삶에 긍정적인 영향을 미친다'는 회사 비전에 충실하게 경영한다.

목적: 내 사업은 내 인생 계획을 이루고 사람들의 인생에 긍정적인 변화를 이끌어내기 위한 수단이자 기반이다.

구체적인 약속:
- 회사의 비전 선언문대로 직원들을 지원하고 그들을 가르치며 그대로 실행한다.
- 직원들과 마음이 통할 수 있는 사람이 된다.
- 직원들과 고객들의 삶에 가치를 더할 수 있는 방법을 꾸준히 모색한다.
- 관심을 보이는 직원들을 위해 인생 계획을 세워준다.
- 핵심 직원들을 위해 가상주식 보유 계획을 도입한다.
- 현실적인 회사 목표를 수립하고 배포한다.
- 지역 총괄 담당과 그들의 직속 부하 직원들에게 결과에 대한 책임을 지게 한다.
- 대출 업계에서 가장 인정받는 영업 교육과 코칭팀을 만든다.
- 영감을 주는 글을 써서 매체에 싣거나 책을 집필한다.
- 회사 전략과 목표를 논의할 수 있도록 1년에 2일은 따로 계획해둔다 [5월, 12월].

계정 9: 여가 생활과 여행

비전화된 미래: 캐서린과 나는 가까운 친구, 가족들과 함께 여행, 골프, 사냥, 낚시, 보트 타기, 스키 등의 다양한 활동을 즐기는 활동적인 삶을 살 것이다.

목적: 삶을 즐기고 하나님이 만드신 세상의 아름다움을 경험한다.

구체적인 약속:
- 가족이 함께 즐기고 여행을 떠날 수 있는 여러 장소를 마련한다.
- 청명한 강변에 아이들과 손자들에게 대대로 물려줄 수 있는 집을 짓는다.
- 가족, 친구들과 수시로 여행을 간다.
- 매년 낚시 여행을 간다.
- 매년 사냥 여행을 간다.
- 매년 골프 여행을 간다.
- 여행 리스트를 완수한다.

  알래스카 2010년 닉과 함께

  스코틀랜드, 아일랜드 아이들과 함께

  이탈리아 성지순례 아이들과 함께

  이집트와 피라미드 낸터킷 섬 Nantucket

  클로이스터스 앳 씨 아일랜드 호텔 The Cloisters at Sea Island

부록

남아프리카 아일랜드 파크의 통나무집 Henry's Fork Lodge

뉴질랜드

중국

발리 해안가 독채 숙소

밴쿠버, 캐나다 올버니, 조지아주 서우드 침례교회

- 버킷리스트

오거스타 내셔널 골프 클럽 Augusta National Golf Club 에서 골프를 친다.

플라이 로드 fly rod 낚싯대로 타폰 tarpon, 여을멸 bonefish, 스누크 snook, 퍼밋 permit 을 잡는다.

피콕배스 peacock bass 를 잡는다.

4.5kg 이상 되는 큰입배스 largemouth bass 를 잡는다.

스코틀랜드의 올드 코스 Old Course 에서 골프를 친다.

북극광 오로라 을 본다.

431cm 이상 되는 화이트테일 디어를 잡는다.

계정 10: 기부

비전화된 미래: 캐서린과 나는 하나님께서 우리에게 허락하신 물질의 축복을 청지기적 사명을 갖고 잘 사용한다.

목적: 하나님께서 우리에게 주신 물질의 십일조를 교회와 지역사회에 환

원한다.

구체적인 약속:
- 원대한 목표: 자선 단체에 500만 달러를 기부한다.
- 지역 기독교 라디오 방송사와 다른 기독교 단체에 월 소득의 10퍼센트에 해당하는 돈을 매달 후원한다.

마이클 하이엇 Michael Hyatt

세계적인 출판기업 토마스 넬스(Thomas Nnelson, Inc.)의 CEO를 지냈으며, 가장 영향력 있는 파워 블로거, 베스트셀러 작가, 자기계발 강연자이다. 출간하는 책마다 《뉴욕타임스》, 《월스트리트저널》, 《USA투데이》의 베스트셀러가 되었으며, 매년 그의 책은 가장 기다려지는 자기계발서로 꼽힌다. 블로그는 구글 순위에서 상위 0.5퍼센트에 속하며, 월 방문자 수 100만 명 이상을 기록하며 200개가 넘는 나라에 구독자를 보유하고 있다.

대니얼 하카비 Daniel Harkavy

성공, 실적, 수익, 성취 등에서 최고 수준에 도달한 비즈니스 리더들을 25년이 넘게 코칭해온 세계적인 코칭리더십 전문가이다. 현재 미국에서 가장 많은 고객을 보유한 코칭리더십 회사 빌딩 챔피언스의 CEO이자 임원 코치로 활동하고 있다. 지난 20년 동안 뱅크오브아메리카, 칙필레, 메트라이프, 화이자, 카네기연구소, JP모건체이스 등 세계적 기업과 기관을 대상으로 탁월한 인생 계획 전략을 제시해왔다.

이지은 옮긴이

숭실대학교 영어영문학과를 졸업하였고, 현재 프리랜서 번역가로 활동 중이다. 인생을 더 따뜻하게 하는 아름다운 책을 만들고, 해외의 보석 같은 책들을 찾아 국내 독자들에게 소개하는 게 꿈이다. 옮긴 책으로는 《나를 돌보지 못했던 시간들》이 있다.

나를 돌보지 못했던 시간들

인생을 살면서 한 번은 뒤돌아보아야 할 때가 있다

1판 1쇄 인쇄	2023. 09. 19
1판 1쇄 발행	2023. 09. 19
지은이	마이클 하이엇, 대니얼 하카비
옮긴이	이지은
펴낸이	전희경
펴낸곳	㈜글로벌브릿지
전화번호	031-516-6133
이메일	ganibook@naver.com
ISBN	979-11-976129-1-6 (03190)

*이 책 내용의 사용하려면 반드시 저작권자와 글로벌브릿지 양측의 동의를 받아야 합니다.
*잘못된 책은 구매하신 서점에서 바꾸어 드립니다.
*이 책의 본문은 '을유1945' 서체를 사용했습니다.

글로벌 브릿지

글로벌브릿지 출판사는 세계적 흐름을 앞서가는 경제경영, 자기계발 도서를 출간하는 출판사입니다. 세월이 흘러도 변하지 않는 주제와, 시대의 흐름을 앞서가는 도서를 출간하여 독자 여러분의 곁에서 함께 걸어가겠습니다.